Das bietet Ihnen die CD-ROM

W0373568

- Die häufigsten Fragen und besten Antworten im Vorstellungsgespräch
- Bewerbungsmuster mit Anschreiben und Lebensläufen
- Gehaltsrechner, Bewerbungskostenrechner und Bewerbungsverwaltung

Auswahl aus dem Fragenkatalog

„Warum haben Sie sich ausgerechnet bei uns beworben?"

„Was interessiert Sie an unserer Branche besonders?"

„Was wissen Sie über unsere Mitbewerber?"

„Was wissen Sie über unsere Unternehmenskultur?"

„Warum haben Sie sich für dieses Studium entschieden?"

„Welchen Nutzen konnten Sie aus Ihren Praktika ziehen?"

„Warum möchten Sie sich verändern?"

„Was hat Ihnen an Ihrem letzten Job besonders gut gefallen?"

„Was sind Ihre besonderen Stärken?"

„Was heißt für Sie Erfolg?"

„Wie richten Sie sich nach einem Misserfolg wieder moralisch auf?"

„Arbeiten Sie lieber allein oder mit anderen zusammen?"

„Wo konnten Sie Ihre Kreativität bisher unter Beweis stellen?"

„Was bedeutet für Sie Loyalität?"

„Was verstehen Sie unter Flexibilität?"

„Wie mobil sind Sie?"

„Wie konfliktfähig sind Sie?"

„Wie gehen Sie mit Stress um?"

„Welche Vorbilder haben Sie?"

„Warum haben Sie Ihre Ausbildung abgebrochen?"

„Warum haben Sie Ihr Studienfach gewechselt?"

„Warum wurden Sie nach der Probezeit nicht übernommen?"

„Warum streben Sie nach Jahren der Selbstständigkeit eine Festanstellung an?"

„Warum haben Sie so häufig den Job gewechselt?"

„Welchen Stellenwert hat Teamarbeit für Sie persönlich?"

„Was motiviert Sie?"

„Wie stehen Sie zur Globalisierung?"

„Wie wichtig ist für Sie eine Familie?"

„Wie wichtig ist Geld für Sie?"

„Welche Gehaltsvorstellung haben Sie?"

„Warum sollten wir uns ausgerechnet für Sie entscheiden?"

Checklisten und ToDos

ToDo: Checken Sie den Marktauftritt Ihres Zielunternehmens

ToDo: So bewerten Sie Optik und Inhalt einer Stellenanzeige

Checkliste: Wer ist der ideale Vorgesetzte?

Überall, wo Sie das Icon sehen, finden Sie die Texte vollständig im DIN-A4-Format auf der CD-ROM. Sie können die Texte direkt in Ihre Textverarbeitung übernehmen und dort weiter bearbeiten.

Bibliografische Information Der Deutschen Bibliothek
Die Deutsche Bibliothek verzeichnet diese Publikation in der Deutschen Nationalbibliografie; detaillierte bibliografische Daten sind im Internet über <http://dnb.ddb.de> abrufbar.

ISBN 3-448-07261-3
Ab 01.01.2007
ISBN 978-3-448-07261-7

Bestell-Nr. 04260-0001

© 2006, Rudolf Haufe Verlag GmbH & Co. KG, Niederlassung München
Postanschrift: Postfach, 82142 Planegg
Hausanschrift: Fraunhoferstraße 5, 82152 Planegg
Telefon (0 89) 8 95 17-0, Telefax (0 89) 8 95 17-2 50
Internet: http://haufe.de, E-Mail: erste-hilfe@haufe.de
Lektorat: Jasmin Jallad

Alle Rechte, auch die des auszugsweisen Nachdrucks, der fotomechanischen Wiedergabe (einschließlich Mikrokopie) sowie der Auswertung durch Datenbanken oder ähnliche Einrichtungen, vorbehalten.

Idee & Konzeption: Dr. Matthias Nöllke, Textbüro Nöllke München
Umschlaggestaltung: Luxus Medien – Daniel Gunia, 86836 Graben
Lektorat und DTP: Leyla Zorlu, München
Druck: Schätzl Druck, 86609 Donauwörth

Claus Peter Müller-Thurau

101 Fragen und Antworten im Vorstellungsgespräch

Inhalt

Vorwort – Worum geht es?

„Wer bist Du?“ „Was kannst Du?“ „Was willst Du?“ Diese drei Fragen muss ein Bewerber glaubwürdig und im Hinblick auf die zu erfüllende Aufgabe überzeugend beantworten. Das klingt einfach – und ist doch manchmal recht schwer. Es ist schwer, weil die Personalexperten ihr Frageziel aus unterschiedlichen Richtungen kommend ansteuern und deshalb oft für Überraschungen gut sind. Mancher Bewerber wird da auf dem falschen Fuß erwischt, verstrickt sich in Widersprüche oder muss gänzlich passen. Besonders ungemütlich sind jene Fragen, die gut getarnt daherkommen – man erkennt als Kandidat nicht auf Anhieb, worauf der Interviewer überhaupt hinauswill. Nicht zuletzt kann man noch mit Fragen konfrontiert werden, die unerlaubt oder schlicht blödsinnig sind. Aber auch hier gilt es angemessen zu antworten.

Selbstsicherheit, Überzeugungskraft und Schlagfertigkeit sind immer auch eine Frage der Vorbereitung. Wer im Vorstellungsinterview das jeweilige Frageziel durchschaut und inhaltlich überzeugen kann, wird besser reagieren und damit vorteilhafter ankommen. Und darum geht es in diesem Buch. Lesen Sie also, wie und warum sich Bewerber im Frage-und-Antwort-Spiel um ihre Chancen bringen, und erfahren Sie, wie und warum sich andere besser positionieren.

Hamburg, im März 2006

Claus Peter Müller-Thurau

Fragen rund um das Unternehmen

1. „Warum haben Sie sich ausgerechnet bei uns beworben?"

Das Frageziel des Interviewers

Im Idealfall ist eine Bewerbung eine kleine Liebeserklärung. So zumindest sehen und hätten es gern viele Jobanbieter. Man möchte auserwählt sein und verspricht sich davon ein besonderes Engagement. Kein Betrieb ist an neuen Mitarbeitern interessiert, die nur unterkommen möchten – also bei der Jobsuche beliebig vorgehen. Ein wenig Herzblut sollte schon dabei sein.

Praxis-Beispiel

Antwort A

„Ich habe mich schon immer für Ihr Unternehmen interessiert. Und als ich dann die Stellenanzeige sah, habe ich sofort die Initiative ergriffen und mich beworben. Ich finde die Produkte einfach toll – und deshalb möchte ich in Ihrem erfolgreichen Team sehr gern mitarbeiten."

Bewertung

Streichen Sie Satzanfänge wie „Ich habe schon immer ..." oder „Ich wollte schon in meiner Kindheit ...". Dies bekommt man als Personaler ständig zu hören und es klingt deshalb wenig originell – vor allem aber ist es kein Argument. Wer erklärt, dass er schon immer Zahnarzt werden oder bei Siemens arbeiten wollte, verweigert auf die Frage nach den Motiven die Antwort.

Praxis-Beispiel

Antwort B

„Nun – zunächst habe ich mir natürlich überlegt, welche Aufgabe beziehungsweise welcher Job zu mir am besten passt. In schwierigen Zeiten kann man sich als Bewerber ja nicht erst ein bestimmtes Unternehmen ausgucken und dann warten, bis was Passendes angeboten wird. Ihr Stellenangebot hat mich jedenfalls angesprochen und dann hab ich mich informiert und festgestellt: Mit Ihren Produkten kann ich mich gut identifizieren und die Größe des Betriebes entspricht meinen Vorstellungen. Was mir besonders entgegenkommt ist Ihr Engagement in den neuen EU-Staaten – ich habe gelesen, dass Sie unter anderem in Posen und Bialystok Verkaufsbüros einrichten werden. Meine Großeltern stammen aus dem ehemaligen Breslau und deshalb verfolge ich derartige Aktivitäten mit besonderem Interesse." ◂

Bewertung

Kleine Liebeserklärung

Wie hieß es doch eingangs? Im Idealfall ist eine Bewerbung eine kleine Liebeserklärung – das Unternehmen möchte auserwählt sein. Durchschaubare Treueschwüre und Schmeicheleien sind allerdings nicht angesagt. Von einem Bewerber wird erwartet, dass er zunächst prüft, welche Aufgabe zu ihm passt und dann erst gilt es zu klären, aus welchen Gründen man sich mit dem Unternehmen identifizieren könnte. Mit Antwort B ist dies gelungen. Natürlich lässt sich nicht immer eine persönliche Beziehung zum Unternehmen ins Feld führen, aber wer einen entsprechenden Aufhänger findet, sollte ihn nutzen.

Experten-Tipp

Sammeln Sie Argumente!

Ein erfolgreicher Bewerber hat bei seinem Interviewpartner nicht nur die Hoffnung genährt, dass er aus dem angebotenen Job im Interesse des Unternehmens fachlich etwas Gutes machen wird, sondern dass er im Betrieb auch seine – zumindest vorübergehende – berufliche Heimat finden könnte. Mögliche Gründe beziehungsweise Argumente hierfür lassen sich auf den folgenden Gebieten finden:

- Welcher grundsätzliche Geschäftszweck wird verfolgt?
- Was ist das Besondere an den Produkten?
- Was ist typisch für die Branche?
- Welche möglichen Vorzüge hat die Unternehmensgröße?
- Was gibt die Unternehmensgeschichte her?
- Handelt es sich um einen Familienbetrieb?
- Hat das Unternehmen einen besonderen Ruf in Sachen Unternehmenskultur beziehungsweise gibt es Führungsleitsätze?
- Wie ist die Marktposition? Marktführerschaft? Handelt es sich um einen interessanten Nischenanbieter?

- Welche Rolle spielen Eigenschaften wie Innovationsstärke, Kundenorientierung und Umweltschutz?
- Wie ist die Altersstruktur?
- Ist das Unternehmen national oder international aufgestellt?
- Gibt es in der Biografie des Bewerbers einen Bezug zum Unternehmen?

Experten-Tipp

Weitere gute Antworten

„Ihr Betrieb ist ja von der Größe her eher überschaubar und da reizen mich besonders die kurzen Informations- und Entscheidungswege."

Oder: „Ihr Unternehmen ist ja noch relativ jung und da finde ich es schon sehr spannend, sozusagen in der Pionierphase mit dabei sein zu können."

Falls es passt, wäre auch dies ein gutes Argument: „Ich habe im Rahmen meines Studiums ein Praktikum in der Automobilzuliefererindustrie absolviert – Sie haben das in meinen Unterlagen ja gesehen – und deshalb interessiere ich mich besonders für Unternehmen, die in diesem Umfeld aktiv sind."

2. „Was fällt Ihnen zu unseren Produkten ein?"

Das Frageziel des Interviewers

„Quadratisch – praktisch – gut" wäre eine prima Antwort im Vorstellungsinterview bei einem einschlägig bekannten Schokoladenhersteller. Zu zwei anderen Unternehmen passt wahlweise „Ich bin doch nicht blöd" beziehungsweise „Nichts ist unmöglich". Auf jeden Fall möchte der Interviewer hier keine Hymne über die Trefflichkeit seiner Produkte hören, sondern wissen, ob und wie diese bei einem Bewerber emotional-assoziativ „besetzt" sind. Wer gar nichts zu bieten hat, muss damit rechnen, dass er den Eindruck erweckt, nichts mit den Produkten des Unternehmens anfangen zu können.

Praxis-Beispiel

Antwort A

„Die finde ich toll. Also – ich kann mich sehr gut mit den Produkten Ihres Hauses identifizieren. Und die Preise stimmen ja auch. Ich glaube, dass Sie sehr viele zufriedene Kunden haben. Ja – das fällt mir da so spontan ein."

Bewertung

Wer sich bei einem Betrieb bewirbt, der Schrauben, Schneckentod oder technische Gase vertreibt, sollte seine Begeisterung beziehungsweise Identifikationsbereitschaft zügeln. Solche Bekundungen wirken aufgesetzt und manchmal sogar albern. Aber Sie haben sicher schon selbst bemerkt, dass das obige Beispiel wenig überzeugend ist.

Praxis-Beispiel

Antwort B

„Überzeugender Nutzen für den Anwender. Guter Bekanntheitsgrad. Nach meiner Einschätzung liegen die Produkte von den Preisen her eher im oberen Bereich. Also – qualitativ hochwertig!"

Bewertung

Der Bewerber nennt einige Kriterien, nach denen Produkte und Dienstleistungen bewertet werden. Welchen Nutzen stiftet das Produkt? Verkauft es sich eher über den Preis oder über die Qualität? Wie hoch ist der Bekanntheitsgrad? Das wirkt allemal überzeugender als eine undifferenzierte Lobhudelei.

Experten-Tipp

Beschaffen Sie sich Produktwissen

Finden Sie Antworten auf die folgenden Fragen:

- Wie sieht die gesamte Produktpalette aus? Ist sie eher breit oder nur wenig aufgefächert?
- Gibt es Traditionsprodukte?
- Welche Produkte sind besonders modern oder innovativ?
- Wo mögen die Wettbewerbsvorteile liegen? Preis? Qualität? Image? Kundenbindung? Marktführerschaft? Innovationskraft?
- Wie austauschbar beziehungsweise verwechselbar sind die Produkte?
- Wie werden die Produkte beworben beziehungsweise wie ist der Marktauftritt?
- Welche persönlichen Erfahrungen hat man gegebenenfalls mit den Produkten gemacht?

3. „Was interessiert Sie an unserer Branche besonders?"

Das Frageziel des Interviewers

Biografie und Lebensgefühl

Branchen haben eine mehr oder weniger ausgeprägte Identität. Alle, die zumindest einen Teil ihres Berufslebens in einer bestimmten Branche verbracht haben, sind mehr oder weniger auch durch eine gemeinsame Biografie und damit ein gemeinsames Lebensgefühl verbunden. Prägend sind hier erlebte und oft auch erlittene technische Revolutionen, spektakuläre Firmenpleiten und -fusionen oder dramatische Veränderungen der Rahmenbedingungen. Man denke etwa an die Versicherungs-, Banken- oder Pharmabranche, an das Hotelgewerbe oder den Lebensmitteleinzelhandel mit den aggressiven Aktivitäten der Discounter.

Missverständnisse und Fehleinschätzungen

Wer als Bewerber in den Branchenkreis aufgenommen werden möchte, muss zeigen, dass er von der Persönlichkeit und seiner Einstellung her zum Umfeld passt. Bezüglich der Werbebranche sind insbesondere bei Nachwuchskräften die größten Missverständnisse und Fehleinschätzungen anzutreffen. Es herrscht offenbar bei vielen der Eindruck vor, dass Agenturen und Werbeabteilungen von durchweg fröhlichen Menschen bevölkert sind, die konsequent ihren Neigungen nachgehen und dafür auch noch üppig bezahlt werden. Wer als Bewerber den Verdacht aufkommen lässt, diese Sicht zu teilen, wird als alltagsuntauglich abgelehnt.

Praxis-Beispiel

Antwort A

„Versicherungen braucht jeder und wird auch in Zukunft jeder brauchen. Gerade in heutiger Zeit ist die Sicherheit des Arbeitsplatzes nicht hoch genug einzuschätzen. Wenn ich da an andere Branchen denke – ständig hört man von Personalabbau oder Verlagerungen ins Ausland ..." ◂

Bewertung

Es ist keine gute Idee, eine Bewerbung mit dem Bedürfnis nach Sicherheit zu begründen. Grundsatz: Wer kein Risiko eingehen will, geht das größte Risiko ein. Im Zweifelsfall ist ein Bewerber mit diesem Argument schon aus dem Rennen, weil in unseren Zeiten nichts beständiger als der Wandel ist. Firmen suchen deshalb Mitarbeiter, die mit der Unsicherheit der Verhältnisse gut leben können.

Praxis-Beispiel

Antwort B

„Wie Sie meinen Unterlagen entnommen haben, habe ich vor meinem Studium eine Ausbildung zum Speditionskaufmann absolviert. Ich habe mich also bereits recht früh für die Logistikbranche interessiert und sehe hier gute Entwicklungsmöglichkeiten – nicht zuletzt aufgrund der zunehmenden Globalisierung. Ich bin mir sicher, dass sich hier noch viele Prozesse optimieren lassen und da wäre ich gern mit dabei."

Bewertung

Die Antwort passt. Der Bewerber hat natürlich den Vorteil, durch seine einschlägige Ausbildung seine Nähe zur Branche bekunden zu können, aber die Argumentation über Stichworte wie Globalisierung und Prozessoptimierung ist überzeugend.

Experten-Tipp

Branchenspezifische Informationen recherchieren

Sie bewerben sich beispielsweise in einem Unternehmen des Einzelhandels? Schauen Sie nach unter www.hde.de (Hauptverband des deutschen Einzelhandels) und Sie finden jede Menge Informationen über die Branche. Mit Sicherheit ist etwas dabei, das Sie im Vorstellungsinterview nutzen können.

Darüber hinaus gibt es für nahezu jede Branche auch ein Branchenportal im Internet:

Einzelhandel	www.hde.de
Tourismus	www.deutschertourismusverband.de
Gastgewerbe	www.dehoga.de
Metallindustrie	www.metall-verband.de
Chemie	www.vci.de
Pharma	www.vfa.de
Baugewerbe	www.bauindustrie.de
Handwerk	www.handwerk.de

Speditionen	www.spedition.com
Verlage Zeitungen	www.bdzv.de
Verlage Zeitschriften	www.vdz.de
NGO	www.ngo-online.de

4. „Was wissen Sie über unsere Mitbewerber?"

Das Frageziel des Interviewers

Es gibt Bewerber, die sich zwar hervorragend über das Unternehmen informieren, aber dabei das Umfeld, in dem sich dieses Unternehmen bewegt, völlig vergessen. Gesucht werden aber Mitarbeiter, die im Gesamtzusammenhang denken und das zeigt sich auch darin, sich über die anderen Marktteilnehmer beziehungsweise Mitbewerber sachkundig zu machen.

Antwort A

„Ihr Unternehmen hat für mich eindeutig den besten Ruf in der Branche. Ihre Produkte haben ein super Image – da können andere gar nicht mithalten. Deshalb wäre es für mich ja auch eine tolle Herausforderung, bei Ihnen tätig zu werden."

Bewertung

Das mag ja alles so sein – aber bei der Frage nach der Konkurrenz geht es nicht darum, das Unternehmen, bei dem man gern einen Job hätte, zu loben. Die Antwort ist zu dürftig.

Antwort B

„Die größeren Konkurrenten in Ihrer Branche sind mir natürlich bekannt. Vom Umsatz her liegen Sie auf Platz zwei. Aber das sagt natürlich noch nichts über die wirkliche wirtschaftliche Lage aus. Ihr wohl stärkster Konkurrent – die Firma Beta Laval – ist in Skandinavien besonders aktiv. Und dann hab ich noch gelesen, dass sich zwei etwas kleinere Firmen Ihrer Branche zusammengeschlossen haben."

Bewertung

Die Antwort ist in der Regel völlig in Ordnung. Das Wissen, das hier erwartet wird, hängt natürlich von der Position ab, um die sich jemand bewirbt. Ein Vertriebs- oder Marketingleiter muss einen deutlich besseren Marktüberblick haben, als ein zukünftiger Leiter der Debitorenbuchhaltung.

Experten-Tipp

Befassen Sie sich gründlich mit der Konkurrenz

Für einen halbwegs qualifizierten Bewerber ist es selbstverständlich, sich im Internet über das Unternehmen zu informieren, bei dem man sich beworben hat oder bewerben will. Eine gute Vorbereitung besteht aber auch darin, sich die Homepage der Mitbewerber anzusehen. Sie bewerben sich bei einem Hersteller von Gabelstaplern? Verschaffen Sie sich einen Überblick über alle bedeutsamen Hersteller, über deren Produkte, Größe (Marktanteile) und Märkte. ◂

5. „Was unterscheidet uns von unseren Mitbewerbern?"

Das Frageziel des Interviewers

Unique Selling Position

Erfolgreiche Firmen haben Alleinstellungsmerkmale, so genannte Unique Selling Position (USP), also Eigenschaften, die das Unternehmen und seine Produkte unverwechselbar machen. Ein Alleinstellungsmerkmal kann unter anderem der Preis, die Angebotsvielfalt, die Qualität, der Service, die Beratungsqualität und/oder die Schnelligkeit sein, mit der auf Kundenwünsche reagiert wird. Aus USP, Firmengeschichte und Unternehmenskultur ergibt sich in der Regel die Firmenidentität, also so etwas wie ein Wir-Gefühl. Kein Wunder, dass man im Vorstellungsinterview gern wissen möchte, ob der Bewerber eine Vorstellung von der Einzigartigkeit des Unternehmens hat.

Praxis-Beispiel

Antwort A

„Im Vergleich zu anderen Unternehmen ist zunächst die breite Produktpalette zu nennen – dann die unschlagbaren Preise und der Service. Und dann ist da die Qualität natürlich nicht zu vergessen – die Produkte Ihres Unternehmens sind bekanntlich qualitativ besonders hochwertige Markenartikel." ◂

Bewertung

Was hier recht gut klingt, ist in Wirklichkeit grober Unfug. Die Unique Selling Position eines Unternehmens kann unmöglich darin bestehen, bei allen Wettbewerbsparametern vorn zu sein. Kein Unternehmen kann langfristig die höchste Qualität, die niedrigsten Preise, die größte Produktvielfalt, den besten Service, die umfangreichste Beratung bieten – und dies alles wohlmöglich auch noch ganz schnell.

Antwort B

„Ihr Unternehmen ist bereits in der dritten Generation im Familienbesitz. Ich bin überzeugt davon, dass dies bedeutsam ist für die Art und Weise der Zusammenarbeit – also für das Betriebsklima. In einem Familienbetrieb spielt die Identifikation ja immer eine besondere Rolle – zu Recht, wie ich meine. Das ist ja ein entscheidender Wettbewerbsvorteil."

Bewertung

Hier wurde vom Bewerber erkannt, was die Einmaligkeit des Unternehmens ausmacht – es befindet sich im Familienbesitz. Das ist heutzutage eher die Ausnahme und deshalb ein nicht unwichtiges Unterscheidungskriterium. Gesprächspartner, die Eigentümer sind beziehungsweise zur Eigentümerfamilie gehören, horchen bei dieser Argumentation natürlich wohlwollend auf.

Achten Sie auf den Text des Stellenangebots

„Setzen Sie auf Kompetenz und Wachstum. Wir gehören zu den weltweit erfolgreichsten Anbietern von ... Unsere Vision ist es ... Es erwartet Sie ein junges Team, eine gute Arbeitsatmosphäre mit kurzen Entscheidungswegen und ..."

Im Stellenangebot findet man Eigenschaften, auf die das Unternehmen besonders stolz ist und mit denen es sich gegenüber den Mitbewerbern abzuheben versucht.

6. „Wie finden Sie unseren werblichen Auftritt?"

Das Frageziel des Interviewers

Der Gesprächspartner will wissen, ob der Bewerber von den werblichen Aktivitäten beziehungsweise der werblichen Optik des Unternehmens überhaupt etwas mitbekommen hat und ob er zu einer Stellungnahme in der Lage ist. Mit Äußerungen wie „Finde ich gut“ oder „Überzeugend“ ist man keineswegs aus dem Schneider.

Praxis-Beispiel

Antwort A

„Sie meinen Werbekampagnen? Mir ist da leider nichts aufgefallen, weder Plakate noch Funk- oder Fernsehspots. Vielleicht habe ich da etwas übersehen ..." ◂

Bewertung

Wenn keine Werbekampagnen gelaufen sind, können einem diese auch nicht aufgefallen sein. Aufgefallen sein muss einem in diesem Fall aber das Logo des Unternehmens beziehungsweise alles das, was unter dem Begriff Corporate Design zusammengefasst wird. Wie schaut das Briefpapier aus? Gibt es eine typische Hausfarbe? Wie sind die Prospekte aufgemacht? Wie präsentiert sich das Unternehmen im Stellenangebot? Antwort A geht an der Sache völlig vorbei.

Praxis-Beispiel

Antwort B

„Besonders gelungen finde ich den Slogan ‚Rechnen Sie mit allem'. Ich denke, das kommt in diesen Zeiten bestimmt gut an. Na ja, und Ihre Hausfarbe Gelb hat sicher inzwischen einen hohen Bekanntheitsgrad. Wenn ich das richtig mitbekommen habe, bewerben Sie Ihre Produkte ja vorrangig in Tageszeitungen." ◂

Bewertung

Dies ist eine überzeugende Antwort, sofern man sich nicht für eine Aufgabe im Marketing oder in der Werbung interessiert.

Checken Sie den werblichen Marktauftritt Ihres Zielunternehmens

- Welche Werbekampagnen laufen gerade beziehungsweise liefen kürzlich?
- Welches sind die Werbeträger beziehungsweise Werbemittel dieser Kampagnen? Fernsehen? Funk? Plakate? Zeitungen? Zeitschriften? Beilagen und Prospekte? Mailings? Besondere Schaufenstergestaltung? Besondere Dekorationen im Ladengeschäft?
- Wie sind die Firmenprospekte aufgemacht?
- Wie ist der Eingangs- und Empfangsbereich des Unternehmens gestaltet?
- Bei Ladengeschäften: Wie ist die werbliche Optik der Einrichtung und Warenpräsentation? Wie sind die Mitarbeiter gekleidet? Wie ist die Ausschilderung der Warengruppen? Wie ist die Beleuchtung?
- Welche Farben werden bevorzugt? Gibt es eine Hausfarbe?

7. „Was wissen Sie über die Geschichte unseres Hauses?"

Das Frageziel des Interviewers

Die Identität beziehungsweise Unverwechselbarkeit eines Unternehmens ist auch durch seine Geschichte bestimmt. Man kann davon ausgehen, dass die meisten Firmen auf ihre Geschichte stolz sind und ein Bewerber deshalb mit den entsprechenden Kenntnissen punkten kann.

Antwort A

„Ihr Unternehmen wurde 1865 gegründet – als Hersteller von Papier und später auch Gummiprodukten. Als sich zunehmend die Elektrizität verbreitete, wurden die Finish Rubber Works gegründet, die sich auf die Produktion von Kabeln für die sich rasant entwickelnde Telegrafenindustrie spezialisierten. 1967 entstand dann durch den Zusammenschluss der ursprünglichen Papierfabrik mit den Gummi- und Kabelwerken das jetzige Unternehmen.

Ihr Haus war übrigens in seiner Geschichte immer ganz vorn im Trend. So entstand beispielsweise in den 60er Jahren die Idee, knallbunte Gummistiefel zu produzieren. Bis heute spielt bei Ihren Produkten neben dem hohen technischen Standard das Design eine wichtige Rolle."

Bewertung

Sie haben es bemerkt – dies ist der Ausschnitt eines Vorstellungsgespräches bei Nokia und der Interessent hat seine Sache sehr gut gemacht. „Connecting People" – diesen Anspruch dürfte er in eigener Sache im Interview eingelöst haben.

Praxis-Beispiel

Antwort B

„Sie sind ja ein sehr junges Unternehmen – die Geschichte gibt also noch nicht viel her. Auf Ihrer Homepage habe ich gelesen, dass Sie sich mit zwei ehemaligen Kollegen aus der Beleuchtungsbranche im Jahre 1990 zusammengetan haben und einen Vertrieb von Spezialleuchten aufgemacht haben. Ihre Zielgruppe waren zunächst Ladengeschäfte mit hochwertigen Produkten, zum Beispiel Juweliere. Seit 2000 planen und realisieren Sie auch komplette Beleuchtungsobjekte für Ladenpassagen und öffentliche Gebäude. 15 Jahre – das ist schon eine ganz schöne Zeit."

Bewertung

Schade, dass der Bewerber den Einstieg in seine Antwort – „... die Geschichte gibt also noch nicht viel her" – verpatzt hat. Später macht er dann seinen Schaden allerdings wieder gut. Wer mit seiner Geschäftsidee 15 Jahre im Markt überlebt hat, darf darauf stolz sein. Dies sollte man als Bewerber auf keinen Fall klein reden.

Hintergrundinformation: die wichtigsten Fragen

Fragen bei der Vorbereitung

„Wer bist Du?" – „Was kannst Du?" – „Was willst Du?" Die Fragen, die jeder Bewerber überzeugend beantworten muss, sollte dieser seinerseits auch an das Unternehmen stellen, bei dem er seinen beruflichen Lebensweg beginnen beziehungsweise fortsetzen möchte. Zielführend sind die folgenden Fragen, die es vorab in der Vorbereitungsphase auf das Vorstellungsinterview zu beantworten gilt:

- Wann wurde das Unternehmen von wem gegründet?
- Was waren die Produkte der Pionierphase?
- Welche Produkte kamen später hinzu?
- Wie entwickelte sich das Unternehmen?

- Gab es wichtige Übernahmen, Fusionen und/oder Veränderungen auf der Eigentümerseite?
- Gab es in der Firmengeschichte besondere Ereignisse wie spektakuläre Innovationen, Erfolge oder auch Rückschläge?
- Wer sind gegebenfalls die wichtigsten Unternehmerpersönlichkeiten?
- Welche Zukunfstperspektiven gibt es?

8. „Was wissen Sie über unsere Unternehmenskultur?"

Das Frageziel des Interviewers

Unternehmenskultur ist ein großes Wort und bisweilen das Papier nicht wert, auf dem es steht. Aber es gibt Unternehmen, die hier einen ernsthaften Anspruch formulieren und einzulösen versuchen. Dies sollte ein Bewerber erkennen und entsprechend würdigen.

Antwort

„Ich habe gelesen, dass sich Ihr Unternehmen einem Leitbild verschrieben hat. Besonders interessant finde ich, was da als ‚Fehlerkultur' beschrieben wird. Da steht zum Beispiel in den Unternehmensgrundsätzen: ‚Wir leben eine Kultur, in der wir uns auf Fehler ansprechen.' Das ist nach meiner bisherigen Erfahrung ein großes Thema. Leider werden in vielen Firmen die Fehler versteckt – und deshalb können Fehlerquellen nicht abgestellt werden."

Bewertung

Dieser Antwort ist nichts hinzuzufügen. Gut!

Einen Kernpunkt der propagierten Unternehmenskultur ansprechen

„Interessant an Ihrem Leitbild finde ich ..."

Suchen Sie sich einen Punkt heraus, mit dem Sie sich besonders gut identifizieren können. Sie zeigen damit, dass Sie sich gut vorbereitet und einen Standpunkt haben.

9. „Wie finden Sie unsere Stellenanzeige?"

Das Frageziel des Interviewers

Die Frage kommt auf Taubenfüßen daher, kann aber durchaus schwergewichtig sein. Was ist, wenn Ihr Gesprächspartner als Personalleiter eigentlich einen anderen Anzeigentext wollte – sich aber in der Firmenleitung nicht durchsetzen konnte? Und was ist, wenn Sie nun die Anzeige über den grünen Klee loben?

Text des Stellenangebots

Andererseits muss man nicht gleich hinter jeder Frage eine böse Absicht vermuten. Für den Bewerber gilt es hier auf jeden Fall zu zeigen, dass er den Text des Stellenangebots (ob Print oder Online) im Kopf hat. Schließlich kostet eine Textzeile in einer Stellenanzeige locker 100 Euro und mehr. Kein Wunder, dass an einem Entwurf lange gefeilt wird, bis die endgültige Version steht.

Praxis-Beispiel

Antwort A

„Pragmatisch auf den Punkt formuliert. Als Bewerber wünscht man sich natürlich ein paar mehr Informationen – aber das ist ja auch eine Frage der Kosten. Ich finde die Anzeige absolut gelungen. Wenn sie mich nicht angesprochen hätte, säße ich ja nicht hier."

Bewertung

Die Antwort mag vielleicht ganz gut klingen, sie ist aber zu pauschal aufgefallen. Wer diesen Text aufsagt, macht zwar nichts falsch – es geht aber deutlich besser.

Praxis-Beispiel

Antwort B

„Die Aufgabe ist klar beschrieben – und ebenfalls die Erwartungen. Insbesondere das Anforderungsprofil fand ich klar strukturiert. Dass Sie Ihre Hausfarbe blau als Zusatzfarbe gewählt haben, ist mir natürlich auch nicht entgangen. Und einen Appell wie ‚Es liegt nun an Ihnen – nutzen Sie Ihre Chance' findet man in Stellenangeboten eher selten."

Bewertung

Der Bewerber kommt mit seiner Antwort gut an, weil er konkret auf die Gestaltung und den Text eingeht. Auch so kann man sein besonderes Interesse an der Firma beziehungsweise der zu vergebenden Aufgabe glaubwürdig zeigen.

So bewerten Sie Optik und Inhalt einer Stellenanzeige

- Wie groß ist die Anzeige im Vergleich zu den anderen Stellenangeboten?
- Wie ist der Text strukturiert? Gibt es Zwischenüberschriften wie „Das Unternehmen", „Ihre Aufgaben", „Ihr Profil" etc.?
- Wird ein Firmenmotto wie „We've got the power" herausgestellt?
- Wird mit Fotos und/oder Farbe eine besondere Anmutung erzeugt?
- Merken Sie sich einen besonderen Satz aus dem Anzeigentext, beispielsweise „Mit Souveränität, Beharrlichkeit und Verbindlichkeit sind Sie auf Augenhöhe mit Ihren Kunden".

10. „Wie gefällt Ihnen der Online-Service auf unserer Homepage?"

Das Frageziel des Interviewers

Bewerber, die sich nicht explizit mit der Homepage des Unternehmens befassen, kommen bei dieser Frage meist ins Schleudern. Was heißt hier Online-Service? Eine ausweichende Antwort ist auch eine Antwort – aber eine schlechte. Zur guten Vorbereitung gehört eben auch, sich gründlich auf der Homepage umzusehen.

Antwort

„Interessant finde ich die Bewerbungstipps Ihres Unternehmens – zum Beispiel die Klärung der Frage, was für Sie zu einer vollständigen Bewerbung gehört. Für einen Absolventen wie mich ist das natürlich hilfreich. Nützlich fand ich auch die Hinweise auf Rekrutierungsveranstaltungen und die Namen der Ansprechpartner in Ihrem Hause."

Bewertung

Das kommt gut an, denn schließlich haben sich die Gestalter beziehungsweise Auftraggeber des Online-Service meist viel Mühe gegeben und freuen sich, wenn dies entsprechend vom Bewerber wahrgenommen wird. Dies gilt übrigens auch für den Fall, dass man sich gar nicht online beworben, sondern den konventionellen Weg gewählt hat.

Experten-Tipp

Vorbildlich

Ein besonders schönes Beispiel mit vielen Tipps finden Sie im Internet unter der Adresse www.eon.com.

Fragen zum Bildungsweg

11. „Warum haben Sie sich für diese Ausbildung entschieden?"

Das Frageziel des Interviewers

Angenommen, der Bewerber hat eine Ausbildung zum Speditionskaufmann absolviert und bewirbt sich nach einem erfolgreich abgeschlossenen BWL-Studium aus nahe liegenden Gründen bei einem Logistik-Unternehmen. Den Interviewpartner interessiert jetzt, wie die damalige Entscheidung motiviert war und ob die jetzige Bewerbung folgerichtig oder eher beliebig ist.

Antwort A

„Mir wurde früh klar, dass sich in der Logistikbranche noch sehr viele Prozesse optimieren ließen und damit noch bessere Erlöse zu erzielen waren. Insbesondere die sich anbahnende rasante Globalisierung – habe ich mir damals schon gedacht – dürfte den Stellenwert der Branche deutlich erhöhen. Deshalb habe ich mir erst einmal gute praktische Logistikkenntnisse angeeignet, die in der Position, über die wir heute sprechen, sicher brauchbar sein werden."

Bewertung

Der Personalexperte muss erst noch geboren werden, der einem Bewerber diese Begründung für seine Berufswahl im Alter von vielleicht 16 bis 18 Jahren abnimmt. Das klingt zurechtgelegt und damit wenig authentisch.

Antwort B

„Mein Vater (Bruder, Onkel, Tante, Nachbar etc.) ist seit Jahren in einer Spedition tätig und da habe ich schon sehr früh vieles mitbekommen und das fand ich recht interessant. Als ich dann nach dem Abitur vor der Frage stand: Studium oder erst einmal eine Ausbildung?, habe ich mich für eine Ausbildung entschieden. Und natürlich in einer Spedition. Das hat mir damals auch sehr viel Spaß gemacht."

Bewertung

Diese Begründung passt zwar nicht immer, ist aber nachvollziehbar und wirkt sympathisch. Eine Berufsentscheidung sollte möglichst kopf- und bauchgesteuert sein. Bis zum Beweis des Gegenteils gilt der Grundssatz: Wer erfolgreich sein will, muss zu einer Aufgabe von den Anforderungen her passen – und er muss mit dem Herzen dabei sein.

Experten-Tipp

Gründe für die Berufswahl – und mögliche Widersprüche

Bei der Antwort muss man aufpassen, dass man sich nicht selbst Lügen straft. Wer seine Berufswahl überzeugend zu begründen vermag und dann aber ein miserables Abschlusszeugnis präsentiert, löst weitere Fragen aus.

12. „Warum haben Sie sich für dieses Studium entschieden?"

Das Frageziel des Interviewers

Wege der Entscheidungsfindung

Was soll ich bloß studieren? Viele jungen Leute, die vor dieser Frage stehen, sind eher hilflos. Das ist keine Schande, aber irgendwann entscheidet man sich dann ja für ein bestimmtes Studium. Der Interviewpartner möchte von seinem Gegenüber nun wissen, wie dieser sich in schwierigen Entscheidungssituationen verhält, denn die gilt es ja auch im Berufsalltag immer wieder zu bewältigen. Hat sich jemand bei der Suche nach dem Studienfach eher von persönlichen Neigungen leiten lassen oder gaben die vermuteten Berufschancen den Ausschlag? Hat jemand sein Traumfach nur nicht studiert, weil er den Wohnort hätte wechseln müssen? Welche Informationsquellen wurden für die Entscheidungsfindung genutzt? Mit einer Antwort wie „Das hat sich so ergeben“ kommt man nicht davon.

Praxis-Beispiel

Antwort

„Nach dem Abi wusste ich zunächst gar nicht, welches Studienfach gut zu mir passen könnte. Ich habe mir immer wieder überlegt, was mich eigentlich besonders interessiert – ich hab auch einen Interessentest beim Arbeitsamt gemacht – aber das führte zu keinem eindeutigen Bild. Ich konnte aber allmählich ausschließen, was nicht in Frage kam. Nämlich Studiengänge wie Chemie, Physik, Medizin, Architektur – also Fächer, bei denen ein Berufsweg klar vorgezeichnet ist.

Irgendwann kam ich darauf, dass Schnittstellenaufgaben gut zu mir passen könnten, am besten eine Kombination von Technik und Betriebswirtschaft. Ich hab dann Gespräche in verschiedenen Fachschaften von Universitäten geführt, hab mir also aus studentischer Sicht etwas über das Studium erzählen lassen – und mich dann für das Wirtschaftsingenieurswesen in Dingenskirchen entschieden. Meine Eltern hätten es zwar lieber gesehen, wenn ich in unserer Heimatstadt geblieben wäre, aber ich wollte das Studium auch nutzen, um mich von zu Hause abzunabeln. Und das war rückblickend eine gute Entscheidung." ◂

Bewertung

Wofür gibt es bei dieser Antwort Pluspunkte? Der Bewerber erhält Pluspunkte, weil er

- freimütig einräumt, dass er ein Entscheidungsproblem hatte,
- erkennen lässt, dass er bei der Wahl des Studienfachs methodisch vorgegangen ist,
- sich reichlich Informationen – auch vor Ort – beschafft hat und
- mobil ist.

Experten-Tipp

Verhalten in schwierigen Entscheidungssituationen

Wie wird man mit der Aufgabe fertig, in solch einer Situation zu handeln? Nun – man überlegt sich

- worauf man eigentlich hinaus will,
- was man machen könnte und was die Folgen davon sein könnten und
- ob man vielleicht noch andere Möglichkeiten hat als die, die einem bislang eingefallen sind.

Der gesamte Prozess geistiger Tätigkeiten, der notwendig ist, um zu einer guten Entscheidung zu gelangen, lässt sich folgendermaßen systematisieren:

- Zielausarbeitung: Was will ich?
- Modellbildung und Informationssammlung: Was ist Sache?
- Prognose und Extrapolation: Was wird sein?
- Planung von Aktionen sowie Entscheidung und Durchführung der Aktionen: Was ist zu tun? ◂

13. „Was unterscheidet ein Fachhochschulstudium aus Ihrer Sicht von einem Universitätsstudium?"

Das Frageziel des Interviewers

Es gibt Unternehmen, für die muss ein Akademiker einen Universitätsabschluss haben, deshalb stellen sie für bestimmte Positionen gar keine oder nur im Ausnahmefall Fachhochschulabsolventen ein. Andere Firmen schätzen ein Fachhochschulstudium, weil es inhaltlich praxisnäher erscheint. Von einem Absolventen wird eine klare Positionierung in eigener Sache erwartet.

Praxis-Beispiel

Antwort A

„Ich habe aus gutem Grund BWL an einer Fachhochschule studiert, weil die Inhalte dort viel praxisnäher vermittelt werden. Wir haben doch genug Theoretiker – an der Uni ist das alles viel zu abgehoben."

Bewertung

Zwei Sätze, die den Job kosten können – wenn der Gesprächspartner an der Universität Betriebswirtschaftslehre studiert hat und darauf stolz ist.

Praxis-Beispiel

Antwort B

„Das Studium ist deutlich strukturierter – manche sagen auch, es sei verschulter als ein Universitätsstudium. Und es steht eindeutig die Lehre, nicht die Forschung im Vordergrund. Ich hatte mit meiner Fachhochschule großes Glück, denn wir hatten zwei Professoren, die Erfahrungen aus der Wirtschaft mitbrachten. Einer hat zum Beispiel zehn Jahre als Controller in einem Konzern gearbeitet. Vielleicht kam manchmal die theoretische Fundierung zu kurz, aber ich bin ein eher pragmatisch ausgerichteter Mensch und fühle mich eigentlich sehr gut ausgebildet."

Bewertung

Unterscheidungsmerkmale werden benannt. Es wird ein persönlicher Bezug hergestellt und es wird der besondere Vorzug der gewählten Fachhochschule unterstrichen. Kurzum: eine gute Antwort.

14. „Was empfiehlt Sie als Geisteswissenschaftler für diese Aufgabe?"

Das Frageziel des Interviewers

Es gibt eine Tendenz, Teams häufiger interdisziplinär zusammenzusetzen – also eine einseitige Ausrichtung hinsichtlich Ausbildung und Erfahrung zu vermeiden. Geisteswissenschaftler haben hier durchaus eine Chance – aber nur, wenn sie sich ihrer fachübergreifenden Stärken auch bewusst sind und diese im Vorstellungsgespräch plausibel machen können.

Antwort A

„Eine erfolgreiche PR-Kampagne ist keine Frage des Produktkenntnisse – es kommt darauf an, die richtigen Fragen zu stellen und aus diesen die angemessenen Schlüsse zu ziehen. Man muss in der Lage sein, Ziele zu formulieren, gute Konzepte zu entwickeln und konsequent umzusetzen.

Unverzichtbar sind dabei ausgeprägte Analysefähigkeiten, kommunikative Kompetenz, Teamfähigkeit und Organisationstalent – alles Dinge, die man im Studium geisteswissenschaftlicher Fächer lernen kann. Für mich persönlich kann ich dies auf alle Fälle beanspruchen und deshalb stellt die zu besetzende Aufgabe der PR-Assistentin für mich eine tolle Herausforderung dar." ◂

Bewertung

Die Antwort enthält einen riskanten Satz, der den Interviewpartner gegen den Bewerber aufbringen könnte: „Eine erfolgreiche PR-Kampagne ist keine Frage der Produktkenntnisse ..." Man muss als Bewerber immer damit rechnen, an jemanden zu geraten, der auf seine Spezialkenntnisse besonders stolz ist und den man mit derartigen Äußerungen vor den Kopf stößt.

Antwort B

„Natürlich habe ich mir genau überlegt, was ich für die erfolgreiche Bewältigung der Aufgabe als PR-Assistentin mitbringe. Ich bin mir sicher, dass erfolgreiche PR-Kampagnen weniger vom Produktwissen abhängen, als vielmehr von der Fähigkeit, komplexe Fragestellungen auf den Punkt zu bringen, konzeptionell zu denken, zielgruppengerecht zu kommunizieren und sich selbst vernünftig zu organisieren. Das alles lernt man im Studium der Geisteswissenschaften. Ich habe jedenfalls für mich diesen Nutzen daraus gezogen und den könnte ich hier einbringen. Außerdem habe ich im Rahmen meiner Diplomarbeit interessante empirische Zielgruppenanalysen durchgeführt. Das fand ich äußerst spannend. Und um noch einmal auf das Produktwissen zurückzukommen: Natürlich würde ich mir dies schleunigst aneignen, denn selbstverständlich muss man wissen, wovon man spricht." ◀

Bewertung

In dieser Antwort wird eingangs das Produktwissen zwar relativiert, zum Schluss bekennt sich die Bewerberin allerdings noch einmal dazu, sich fehlende Kenntnisse unbedingt aneignen zu wollen. Damit ist sie auf der sicheren Seite.

Hintergrundinformation: mit Vorbehalten umgehen

Vorurteile gegen Geisteswissenschaftler

Mit Witzen ist nicht immer zu spaßen. Etwa mit diesem hier: Ein Psychologe wird von einem Fremden nach dem Weg zum Bahnhof gefragt. Seine Antwort nach langem hin und her: „Ich habe keine Ahnung, wo der Bahnhof ist – aber ich finde es toll, dass wir uns darüber unterhalten haben."
Seit Jahrzehnten müssen vor allem Geisteswissenschaftler mit dem Vorbehalt leben, dass ihr Wissen und Können für die Praxis relativ wertlos sei – vor allem, wenn es um Marktanteile oder Shareholder-Value gehe. Entsprechend bescheiden waren und sind zuweilen noch die Berufschancen in der Wirtschaft. Doch hier wie überall gilt der Grundsatz, dass die einzig vorhersagbare Konstante der Wandel ist. In den 50er und 60er Jahren wurden Führungspositionen in deutschen Unternehmen vorrangig mit Juristen besetzt. Dann entdeckte man den „homo oeconomicus" und die Betriebswirte machten das Rennen, wenn es um Managementpositionen ging. Inzwischen hat sich herumgesprochen, dass es den „homo oeconomicus" gar nicht gibt, sondern dass Menschen kommen, wenn man Arbeitskräfte ruft. Mehr noch: Ausgerechnet oder gerade im Zeitalter der „digitalen Revolution" rückt der Mensch ins Zentrum der Wertschöpfungskette. Der Mitarbeiter als Persönlichkeit, in der „humanes Kapital" wie Bildung, Wissen und Fertigkeiten mit sozialer Kompetenz verschmelzen – das ist die Zukunft in einer sich global entwickelnden Wirtschaftswelt.

Balsam für die Seelen all jener, die (demnächst) ihren Magister Artium abgeschlossen haben und sich fragen, wohin die berufliche Reise wohl gehen mag. Die Stimmen, die ein Umdenken bei der Besetzung anspruchsvoller Fach- und Führungspositionen in der Wirtschaft fordern, werden lauter. Ausgerechnet Banken können sich inzwischen Geisteswissenschaftler als Nachwuchskräfte vorstellen und die Trainee-Programme von Großunternehmen sind längst nicht mehr nur von Kaufleuten bevölkert. Wer diese Chancen nutzen will, muss sich jedoch im Rahmen des Bewerbungsprozesses entsprechend positionieren. Was haben Geisteswissenschaftler der Wirtschaft prinzipiell zu bieten?

Empathie für Mitarbeiter

- Empathie für „humanes Kapital": Da Mehrwert immer weniger aus Rohstoffen, Energie und herkömmlicher Arbeit entsteht, sind Mitarbeiter auf neue Weise zu betrachten. „Wer als einziges Instrument einen Hammer hat, neigt dazu, alles wie einen Nagel zu behandeln", warnte einst der Motivationspsychologe Abraham Maslow. Wer Mitarbeiter nur durch die betriebswirtschaftliche Brille betrachtet, wird der Realität nicht gerecht.
- Eine eher ganzheitliche Betrachtung von Strukturen und Prozessen: Genau hier gibt es in vielen Betrieben erhebliche Defizite, denn Mitarbeiter und Führungskräfte sind vorrangig immer noch auf Organisationseinheiten und Aufgaben fixiert („Kästchendenken").
- Beherrschung von Komplexität: Wer als Student/in der Geschichte gelernt hat, Ereignisse in ihren Neben-, Fern- und Wechselwirkungen zu betrachten, könnte diese wichtige Fähigkeit auch in einem komplexe Wirtschaftsgefüge sinnvoll nutzen.
- Der Faktor Kultur bestimmt zunehmend den Geschäftsverlauf: Immer mehr Firmen müssen sich mit fremden Kulturen auseinander setzen, wenn sie die Zukunft gewinnen wollen. Interkulturelle Kompetenz ist eine Schlüsselqualifikation, die an Bedeutung gewinnt und mit der sich im Zweifelsfall insbesondere Geisteswissenschaftler empfehlen können.

Experten-Tipp

Die Formel des Scheiterns: hired by ability, fired by personality

Die meisten Menschen scheitern nicht an der mangelnden Sachkompetenz, sondern an der fehlenden Sozialkompetenz. Das gilt insbesondere für Führungskräfte und jene, die es werden wollen. Axel Claus Heitmann, Vorstandsvorsitzender des Chemie-Konzerns Lanxess, stellt in einem Interview mit dem „manager magazin" fest: „Der Chef braucht Sensoren für das, was die Mitarbeiter denken. Delegieren kann man das nicht. Ich selbst muss das fühlen."

15. „Welchen Nutzen konnten Sie aus Ihren Praktika ziehen?"

Das Frageziel des Interviewers

Generation Praktikum

Der Begriff „Generation Praktikum" bezeichnet einstweilen die Perspektivlosigkeit vieler Absolventen. Die Chancen auf eine Festanstellung sind bisweilen eher bescheiden und so schlägt man sich eben durch – von einem Praktikum zum nächsten und dies oft auch noch ohne Bezahlung.
An sich ist dies nicht unanständig. Es ist auf jeden Fall besser, als gar nichts zu tun, und bei einem Praktikum lernt man dazu. Leider gehen viele Studierende und Absolventen bei der Wahl ihrer Praktika ziemlich planlos vor. Sie sammeln Praktikumsbescheinigungen in der Hoffnung, damit ihre betriebliche Bodenhaftung und Berufserfahrung belegen zu können. Den tatsächlichen Nutzen können viele Bewerber nicht angemessen auf den Punkt bringen. Aber genau darum geht es im Vorstellungsgespräch bei dieser Frage.

Praxis-Beispiel

Antwort A

„Einen großen Nutzen. Im Studium kommt ja die Praxis zu kurz und deshalb habe ich viel Wert darauf gelegt, diverse Praktika zu absolvieren. Da lernt man das wirkliche Leben – eben die Realität – kennen. Und da merkt man dann auch, dass manche Inhalte, die an der Uni vermittelt werden, an der Wirklichkeit vorbei gehen. Leider kümmern sich viele Betriebe nicht ausreichend um ihre Praktikanten und dann gibt es häufig Leerlauf." ◂

Bewertung

Sachlich mag das alles richtig sein, aber die Antwort ist dennoch unglücklich. Der Bewerber hat den Wert seines Studiums reduziert und Firmen pauschal angeklagt, dass sie sich nicht genug um die Praktikanten kümmern. Über den echten Nutzen seiner Praktika hat er sich ausgeschwiegen.

Praxis-Beispiel

Antwort B

„Ich habe mit meinen Praktika großes Glück gehabt, weil ich an Unternehmen geraten bin, die mich sinnvoll eingesetzt haben. In einem Betrieb konnte ich sogar an einem Marktforschungsprojekt recht selbstständig mitwirken. Das war eine tolle Erfahrung. Besonders interessant war für mich die Erkenntnis, wie viel Energien in einem konkreten Fall durch interne Reibereien und Konflikte vergeudet wurden. Ich habe mich in meiner Praktikantenrolle immer als Mitmacher, aber auch als Beobachter gesehen. Und da habe ich gesehen, dass es manchmal leider nicht immer nur um die Sache geht."

Bewertung

Diese Einlassung dürfte manchem Interviewpartner aus dem Herzen sprechen. Die Ressourcenvergeudung durch zwischenmenschliche Querelen ist enorm und wer dies in einem Praktikum mitbekommen hat, hat etwas gelernt, das man keinem Lehrbuch entnehmen kann.

Praxis-Beispiel

Schauen Sie sich Ihre Praktikumszeugnisse genau an

Welche Tätigkeiten wurden Ihnen bescheinigt? Wie wurden Ihre Leistungen und Ihr Verhalten beurteilt? Im Zweifelsfall finden Sie mit diesen Überlegungen einen guten Ansatz für die Beantwortung der Frage nach dem persönlichen Nutzen Ihrer Praktika.

16. „Halten Sie sich eher für einen Generalisten oder für einen Spezialisten?"

Das Frageziel des Interviewers

Aufgabe und Anforderung

Einem unfreundlichen Bonmot zufolge ist ein Spezialist jemand, der alles über nichts weiß, und ein Generalist ist jemand, der nichts über alles weiß. Wer in das eine oder andre Extrem geht, kommt für viele Aufgaben nicht in Frage.

Es ist also gar nicht so einfach, hier einen Standpunkt in eigener Sache einzunehmen. Der Dreh- und Angelpunkt besteht darin, die Aufgabe beziehungsweise das mit ihr verbundene Anforderungsprofil richtig einzuschätzen. Doch was erwartet ein potenzieller neuer Arbeitgeber von einem Bewerber?

Praxis-Beispiel

Antwort A

„Neben der Wirtschaftsinformatik habe ich zusätzlich im Rahmen eines Austauschprogramms ein Semester Internationales Marketing in Madrid studiert. Für mich war es immer wichtig, meine Kernkompetenz, die Informatik, durch zusätzliche Qualifikationen zu ergänzen. In diesem Sinne bin ich sicher generalistischer aufgestellt als ein reiner Informatiker. Ich halte dies auch für einen Wettbewerbsvorteil."

Bewertung

Wer Wirtschaftsinformatik studiert, sieht sich ja zukünftig eher in einer Schnittstellenfunktion. Eine überzeugende Antwort, mit der man auf der sicheren Seite ist.

Praxis-Beispiel

Antwort B

„Als Reinzeichnerin und Grafikerin halte ich mich eher für eine Spezialistin. Aufgrund der technologischen Entwicklung musste ich in meinem Berufsleben aber immer sehr flexibel und neugierig sein – mir also neue Techniken aneignen wie PageMaker, Freehand oder Quark-X-Press. Und das geht sicher so weiter. Man kann sich also auf seinem Spezialistentum nicht ausruhen."

Bewertung

Die Antwort ist stimmig, weil die Bewerberin deutlich macht, welchen Veränderungsprozessen ihr spezialisiertes Aufgabengebiet unterliegt und dass sie diese Herausforderungen zum Um- und Neulernen gern annimmt.

Experten-Tipp

Stellen Sie sich breit auf

„Wer nur Chemie kann, kann auch die nicht richtig", das befand einst Georg-Christoph Lichtenberg, der Philosoph, Naturwissenschaftler und Spötter aus Göttingen. In der Tat: Wer nur etwas über seinen Beruf weiß, weiß wenig über seinen Beruf. Als Debitorenbuchhalter müssen Sie fit in Debitorenbuchhaltung sein. Aber Sie sollen auch kunden- und ergebnisorientiert denken und handeln können. Und im Idealfall sind Sie auch noch so aufgestellt, dass Sie im Bedarfsfall zu den Kreditoren oder sogar in die Lohnbuchhaltung wechseln könnten. Flexibilität bestimmt in erheblichen Maße den persönlichen Marktwert.

17. „Entsprechen Ihre Zeugnisse Ihrem tatsächlichen Leistungsvermögen?"

Das Frageziel des Interviewers

Diese Frage ist natürlich besonders prickelnd, wenn man eher bescheidene Noten vorzuweisen haben. Der Fragende möchte wissen, ob und wie der Bewerber zu den Unebenheiten und Misserfolgen im Lebenslauf steht.

Antwort A

„Na ja, wer ist schon mit jeder einzelnen Note zufrieden. Manchmal erwischt man bei Prüfungen ja auch einen schlechten Tag und bei manchen Fächern sind die Beurteilungskriterien auch recht verschwommen. Und im Fach Finanzwirtschaft fühle ich mich ungerecht beurteilt – der Professor mochte mich einfach nicht."

Bewertung

Der Bewerber flüchtet sich in Mutmaßungen und Plattitüden. Bei Freunden einer klaren Aussage kommt er damit nicht gut an. Nichts wird von Vorgesetzten mehr gehasst, als Schuldzuweisungen gegenüber Dritten. Wer sich als Bewerber hinsichtlich seiner Defizite herauszureden versucht, weckt die Befürchtung, dass er im Job ebenso verfahren wird.

Antwort B

„In der Tat – mit meinen Noten kann ich nicht gerade Furore machen! Ich hätte da durchaus noch zulegen können. Das ärgert mich jetzt natürlich, denn ich denke schon, dass ich deutlich mehr kann, als meine Zeugnisse zeigen. Vor allem in der Schulzeit bestand mein Problem immer darin, dass ich nicht so recht verstanden habe, was ich warum lernen sollte. Das hat meine Leistungsfreude nicht gerade beflügelt. Leider. Aber inzwischen ist bei mir der Knoten geplatzt."

Bewertung

Das geht locker durch. Gute Examensnoten sind im Zweifelsfall zwar immer besser, aber dieser geradlinige Umgang mit den schlechten Beurteilungen kommt meist gut an. Punkte gibt es vor allem dann, wenn der Gesprächspartner Zensuren generell keine hohe Aussagekraft für den späteren beruflichen Erfolg zubilligt.

Praxis-Beispiel

Antwort C

„Sie sprechen vermutlich mein vorletztes Arbeitszeugnis an. Ich bin aus der damaligen Firma ja bereits nach gut einem Jahr wieder ausgeschieden, weil ich mit meinem Vorgesetzten nicht klarkam. Es kam häufig zu Missverständnissen und offenbar hatte er Erwartungen, die ich nicht hundertprozentig erfüllen konnte. Ich wollte am Ende auch keinen Streit mehr und habe die Formulierung ‚zu unserer vollen Zufriedenheit' im Arbeitszeugnis akzeptiert."

Bewertung

Geradlinige Reaktion

Dies ist eine sehr geradlinige Reaktion auf die Frage nach den Zeugnissen. Der Bewerber kommt ohne Schnörkel auf den Punkt, weil er sich mit der Zeugnissprache auskennt und weiß, welche Schwachstelle der Interviewer indirekt angesprochen hat. Eine gute Beurteilung zeigt sich beispielsweise in der Formulierung „stets zu unserer vollen Zufriedenheit" und eine sehr gute Beurteilung beispielsweise in der Formulierung „stets zu unserer vollsten Zufriedenheit".

Hintergrundinformation: Welche Aussagekraft haben Zeugnisse?

Was sagen sie über den zukünftigen Erfolg beziehungsweise Misserfolg eines Bewerbers aus? Einen besonders dezidierten Standpunkt zu dieser Thematik nimmt Carola Hoffman, Recruitment-Chefin bei der AZ Personalvermittlung ein. Nach ihrer Überzeugung sagen Arbeitszeugnisse über die Fachkenntnisse und Arbeitshaltung der Bewerber „nichts aus". Die Schuld daran trägt vor allem der Gesetzgeber, der es mit den zu Regierenden zu gut gemeint hat.

Praxis-Beispiel

Das Arbeitszeugnisse von Herrn Konrad

„Die von Herrn Konrad während der über zweijährigen Tätigkeit für unser Unternehmen erzielten Erfolge fanden unsere volle Anerkennung. Seine Kontaktfähigkeit und die Art des Umgangs mit unseren Kunden haben wir geschätzt. (...) Das Anstellungsverhältnis endet mit dem heutigen Tag. Wir wünschen Herrn Konrad ..." ◂

Aus der Schlussformulierung „endet mit dem heutigen Tag" geht hervor, dass diese Kündigung vom Arbeitgeber ausgeht. Die freundlichen Formulierungen bezüglich der Leistung im Zeugnis sind auf die Fürsorgepflicht des Arbeitgebers zurückzuführen. Demnach darf der Arbeitgeber dem Arbeitnehmer aufgrund des in Artikel 12 des Grundgesetzes verankerten Grundrechts der Freiheit der Wahl des Berufes und des Arbeitsplatzes das zukünftige berufliche Leben nicht unnötig erschweren (BGH 26.11.1963, DB 1964, S. 517, MK, § 630 BGB, Rz. 1).

Schadensersatz bei falschem Zeugnis

Gleichzeitig kann ein Arbeitgeber, der bewusst einem Arbeitnehmer ein zu gutes, falsches Zeugnis ausstellt von einem künftigem Arbeitgeber auf Schadensersatz verklagt werden, wenn er nachweisen kann, dass er den betreffenden Bewerber aufgrund des falschen Zeugnisses eingestellt hat und dieser beispielsweise die im Zeugnis bescheinigten sehr guten IT-Kenntnisse definitiv nicht besitzt und dem Unternehmen dadurch ein Schaden zugefügt wurde.

Der sich um alle Betroffenen (Arbeitnehmer und Arbeitgeber) sorgende Gesetzgeber will also noch mehr: Er fordert zusätzlich, dass die Beurteilung so formuliert wird, dass beim Arbeitnehmer und bei Dritten ein richtiger Eindruck entsteht (BAG, 8.2.1972).

Nun ist es aber so, dass sich der in unserem Beispiel genannte Herr Konrad über das miese Zeugnis von seiner letzten Firma gefreut hat. Einstweilen wundert er sich nur darüber, dass seine Bewerbungen wieder in seinem Briefkasten landen. Die vom Gesetzgeber angesprochen Dritten wissen nämlich mehr beziehungsweise haben sich längst arrangiert: Mittels einer codierten Sprache erhält der potenzielle neue Arbeitgeber Botschaften, die dem uneingeweihten Arbeitnehmer verborgen bleiben.

Aussagen über die Zukunft?

Im Übrigen ist auch der prognostische Wert von Schulzeugnissen und Hochschulabschlüssen für den zukünftigen Erfolg nicht eindeutig. Es gibt eben Menschen, die nur eine durchschnittliche Schul- beziehungsweise Hochschulkarriere absolvieren und später weit über sich hinaus wachsen. Auch ist beispielsweise ein Prädikatsexamen in den Rechtswissenschaften ganz anders zu bewerten als ein Prädikatsexamen in einem sozialwissenschaftlichen Fach.

Experten-Tipp

Deutungshilfen für Arbeitszeugnisse

„Die von Herrn Konrad während der über zweijährigen Tätigkeit für unser Unternehmen erzielten Erfolge fanden unsere volle Anerkennung." Insider lesen diesen Satz so: „Wir haben alles getan, um den Mann zu motivieren. Es war vergeblich."

„Seine Kontaktfähigkeit und die Art des Umgangs mit unseren Kunden haben wir geschätzt." Für Freunde einer klaren Aussprache heißt das: „Netter Kerl – doch leider ist nichts dabei herausgekommen."

„Herr Jansen war immer sehr fleißig ..." Eine nette Umschreibung für Begriffsstutzigkeit.

Verben sind im Arbeitszeugnis manchmal recht hintersinnig:

„Die Arbeiten, die er *aufgriff* ..." heißt im Klartext „aber nicht erledigte".

„Wir *bescheinigen* ihm gern, dass ...", bedeutet „aber nur, weil er es forderte".

„Er *kümmerte* sich auch um ..." sagt aus: „doch leider zu wenig".

Die Verben *streben* oder *bemühen* laufen auf ein vernichtendes Urteil hinaus. Zweifel an der Qualifikation eines Bewerbers oder einer Bewerberin nähren beim kundigen Zeugnisleser Formulierungen wie „Herr Anders hat sich im Rahmen seiner Fähigkeiten ...", weil dies so viel heißt wie „überfordert". Oder: „Frau Baum hat alle Aufgaben in der ihr eigenen Sorgfalt ..." – „Chaotin".

Prüfen Sie auch, ob in einem Ihrer Zeugnisse die so genannte Bedauernsformel fehlt („Das Ausscheiden von Frau XX bedauern wir sehr ..."). Wenn ja, könnten Sie gefragt werden, ob Sie sich mit Ihrem Vorgesetzten angelegt haben.

18. „Was hat Ihnen Ihr Studienaufenthalt im Ausland gebracht?"

Das Frageziel des Interviewers

Erfolgsmuster im Lebenslauf

Personalexperten suchen nach Erfolgsmustern im Lebenslauf. Diese können sich in einem besonderen außeruniversitären Engagement, in sportlichen Leistungen und auch in einem Auslandsstudium zeigen.

Nun ist man ja heute kein Exot mehr, wenn man einige Semester jenseits der nationalen Grenzen verbracht hat, aber der Nutzen eines Auslandsstudiums kann von Fall zu Fall ja doch recht unterschiedlich ausfallen. Und diesen gilt es in Hinblick auf die zu besetzende Position herauszustellen.

Antwort A

„Ich war ja ein Jahr in Neuseeland und das war schon beeindruckend. Eine unglaublich schöne Landschaft, die Menschen sind überaus freundlich und mein Englisch ist jetzt, glaube ich, perfekt. Toll waren auch die vielen neuen Kontakte, von denen einige noch heute bestehen. Das war schon eine schöne Zeit, die mich persönlich enorm weiter gebracht hat."

Bewertung

Für einen Personaler ist diese Antwort enttäuschend. Natürlich darf man Land und Leute loben, aber die Auskünfte über den wirklichen Nutzen sind bescheiden und hinsichtlich des Jobs gleich Null.

Antwort B

„Ich war ja in Warschau und was mich da begeistert, ja regelrecht angesteckt hat, war die Aufbruchstimmung. Der Pioniergeist war mit Händen zu greifen und die Studierenden hatten durchweg einen hohen Leistungsanspruch. Es ging an der Uni auch strukturierter zu und ich denke, davon hab ich in eigener Sache sehr profitiert. Und das wird mir sicher auch im Job helfen. Als besonders wertvoll empfand ich die Arbeit in internationalen Teams. Ich denke, dass ich diesbezüglich Erfahrungen mitbringe, die für Ihr Unternehmen beziehungsweise für die Arbeit im Export wichtig sein dürften. Na ja – und ein wenig Polnisch habe ich auch gelernt."

Bewertung

Alles klar! Das war eine schlüssige Antwort.

19. „Warum haben Sie an einer Privathochschule studiert?"

Das Frageziel des Interviewers

Zwei Gruppen

Die Studierenden an Privathochschulen kann man in zwei Gruppen einteilen. Zu einer Gruppe gehören jene, die von ihren Eltern animiert wurden, eine derartige Lehranstalt zu besuchen – die zweite Gruppe umfasst jene, die sich aus eigener Überzeugung für eine private Institution entschieden haben und dabei von ihren Eltern unterstützt wurden oder sich um ein Stipendium bemühten. Ein Personalexperte betreibt bei einem solchen Bewerber aus gutem Grund Motivforschung.

Praxis-Beispiel

Antwort A

„Ich bin ein überzeugter Anhänger der Marktwirtschaft. Privatwirtschaftlich organisierte Bildungseinrichtungen arbeiten einfach effizienter und damit ergebnisorientierter. Immerhin zahlt man dafür ja auch gut 1.000 Euro für jedes Semester." ◄

Bewertung

Mit dieser Antwort kann ein Bewerber schnell an den Falschen geraten. Was ist, wenn der Gesprächspartner nach einem Studium an einer staatlichen Hochschule einen überaus erfolgreichen beruflichen Weg gemacht hat? Es ist immer riskant, wenn man eine Bildungseinrichtung auf Kosten einer anderen abwertet.

Praxis-Beispiel

Antwort B

„Die Fachhochschule, an der ich Wirtschaftsinformatik studiert habe, sah im Verlauf des Studiums einen zweisemestrigen Aufenthalt wahlweise an Partneruniversitäten in Barcelona, Malaga oder Edinburgh vor. Das fand ich gut. Außerdem musste man eine Aufnahmeprüfung machen – Aufsatz, Rechenaufgaben, persönliches Vorstellungsgespräch – der Anspruch, der damit demonstriert wurde, hat mich überzeugt. Und als ich die Prüfung bestanden hatte, habe ich mir gesagt, was für eine Chance – die musst du jetzt gründlich nutzen. Der erste Kontakt kam übrigens durch einen Tag der offenen Tür zustande. Die hatten sich damals sehr gut präsentiert. Ich habe für mich damals jedenfalls eine gute Entscheidung getroffen." ◄

Bewertung

Diese sehr persönliche Begründung kommt gut an.

Hintergrundinformation: „Hochschulstandort Deutschland 2005"

Dem Jahrbuch „Hochschulstandort Deutschland 2005" des Statistischen Bundesamts ist zu entnehmen:

- Von den insgesamt 379 Hochschulen sind gut 18 Prozent private Hochschulen.
- Die Zahl der privaten Hochschulen ist seit Mitte der 90er Jahre von 24 auf 69 gestiegen.
- Der Anteil der Gesamtstudentenzahl liegt jetzt bei zwei Prozent.

20. „Warum haben Sie sich ausgerechnet für dieses Thema Ihrer Diplomarbeit entschieden?"

Das Frageziel des Interviewers

Neigung als Zeichen der Persönlichkeit

Sage mir, wofür Du Dich interessierst und ich sage Dir, wer Du bist! Das ist überspitzt formuliert, aber die Neigungen markieren doch stark die Persönlichkeit eines Menschen.

Wer die Diplomarbeit „Zur wettbewerbsrechtlichen Zulässigkeit der Werbung mit Nebenartikeln" schreibt, dürfte sich in seinem Psychogramm von jenem Zeitgenossen unterscheiden, der sich wissenschaftlich mit dem Thema „Stress, Angst und Bewältigung in beruflichen Bewährungssituationen" befasst. Es sei denn, jemandem ist selbst kein Thema eingefallen und er hat sich eines von seinem Professor vorgeben lassen. Aber auch darauf kann sich der Personalexperte einen Reim machen.

Praxis-Beispiel

Antwort A

„Ich habe mich während meines Studiums mit einer Untersuchung des Bundesverbands der Industrie befasst, die unter anderem recht überzeugend darlegt, wie viele Ressourcen durch Angst am Arbeitsplatz vergeudet werden. Das war für mich der Anstoß, mich genauer mit dieser Thematik zu befassen."

Bewertung

Das klingt nicht beliebig und ist deshalb gut.

Praxis-Beispiel

Antwort B

„Es war schon immer mein Ziel, mit und für Menschen zu arbeiten. Deshalb war das Thema ‚Stress und Angst am Arbeitsplatz' für mich seit jeher von höchster Relevanz. Wir brauchen in den Unternehmen angst- und bedrohungsfreie Beziehungsverhältnisse und dafür möchte ich mich einsetzen." ◂

Bewertung

Schlechte Karten als Gutmensch

Im Zweifelsfall hat man schlechte Karten, wenn man als Gutmensch auftritt. Die Welt und die Menschen sind nicht so, wie sie sein sollten und wer die Wirklichkeit ignoriert, ist schon an ihr gescheitert. Im Übrigen kann man sich darüber streiten, ob Angst nicht bisweilen auch eine sinnvolle Funktion hat – in dem sie einen beispielsweise von Taten beziehungsweise Unterlassungen abhält. Und noch etwas – in der Antwort stimmt auch der Ton nicht: „Wir brauchen in den Unternehmen ..." Derartige Äußerungen werden vorzugsweise übel aufgenommen.

21. „Welche Vorzüge haben die neuen Bachelor- und Master-Studiengänge?"

Das Frageziel des Interviewers

Man muss als Bewerber nicht hinter jeder Frage eine Falle oder böse Absicht vermuten – manchmal möchte der Gesprächspartner sein Wissen nur auf den neuesten Stand bringen.

Die Abschlüsse Magister Artium (an Universitäten) und Diplom (an Fachhochschulen und Universitäten) laufen aus und werden ab dem Wintersemester 2007/08 vollständig von den internationalen Abschlüssen Bachelor (BA) und Master (MA) abgelöst. Als Hochschulabsolvent sollte man hier Auskünfte geben können.

Praxis-Beispiel

Antwort

„Nun – der erste akademische Studiengang dauert normalerweise sechs Semester und führt zum Bachelor-Abschluss. Er qualifiziert für einen Beruf und stellt zugleich eine gute Grundlage für die weitere Entwicklung dar. Wer will, kann also nach dem Bachelor gleich seine berufliche Karriere starten oder anschließend seinen Master machen – das heißt, man spezialisiert sich auf ein Thema und vertieft dieses. Das dauert weitere vier Semester.

Der Vorteil dieser Studiengänge besteht darin, dass sie dem Studierenden mehr Flexibilität bringen und dass vor allem die Ergebnisse EU-weit transparent beziehungsweise vergleichbar sind. Als Student ist man damit international auch mobiler. Das ist für alle Beteiligten ein großer Vorteil. ◄

Bewertung

Eine sachkundige Nutzendarstellung.

Hintergrundinformation: Masterprogramme für Berufstätige

Auch Berufstätige können ein Masterprogramm nutzen, um sich fachlich neu zu orientieren oder um ihr Wissen auf den aktuellen Stand zu bringen. Viele Hochschulen bieten dieses Programm so an, dass man es parallel zur Berufstätigkeit wahrnehmen kann.

Staatsexamen

Für bestimmte Studiengänge wird es an Universitäten weiterhin den Abschluss Staatsexamen geben – etwa für Jura und Medizin. Hier hat der Staat die Studieninhalte und Prüfungsbedingungen festgelegt.

22. „Gab es ein Schlüsselerlebnis für Ihre berufliche Ausrichtung?"

Das Frageziel des Interviewers

Entscheidungen, denen ein wirklich tiefes Schlüsselerlebnis zugrunde liegt, sind mit keinem Fragezeichen mehr versehen – und deshalb in der Regel auch von Erfolg gekrönt. Nun kann man als Bewerber kein Schlüsselerlebnis erfinden, aber wann es eines gab, sollte man dies präsent haben.

Praxis-Beispiel

Antwort

„Ausschlaggebend war ein Schülerpraktikum bei einer Reederei. Die Mitarbeiter dort haben sich sehr um mich bemüht – ich durfte ernsthaft mitarbeiten und hatte das erste Mal das Gefühl, so richtig für voll genommen zu werden.

Es ging damals, weiß ich noch genau, um die Zuteilung der Bordmannschaft für die einzelnen Containerschiffe weltweit.

Das hat mich dann dazu bewogen, in dieser Reederei eine Ausbildung zum Schifffahrtskaufmann zu machen und danach BWL mit Schwerpunkt Logistik zu studieren. Ich habe noch heute freundschaftliche Kontakte zu einigen Mitarbeitern." ◂

Bewertung

Diese Antwort ist aufgrund des persönlichen Bezugs zum Schülerpraktikum nachvollziehbar.

Praxis-Beispiel

Schlüsselerlebnis von Herbert Henzler, Ex-Chef von McKinsey

„Als wir 1972 im Rahmen der Mitbestimmungsdebatte zu einem Hearing im Deutschen Bundestag eingeladen wurden, waren wir noch absolute Nobodys. Wir glaubten, dass diese Herrschaften in der Kaffeepause mal zu uns kommen, um mit uns zu reden – doch nichts dergleichen geschah."

Das war das entscheidende Schlüsselerlebnis für den „Bauernbub aus dem mittleren Neckartal" (wie Henzler sich selbst bezeichnet). Er schrieb nach diesem Erlebnis in sein Tagebuch: „Entweder habe ich eine Chance, das zu ändern, oder ich muss mir bald einen anderen Wirkungskreis suchen." Er hat es geändert. McKinsey wurde durch Herbert Henzler in Deutschland zum Inbegriff einer erfolgreichen Unternehmensberatung. ◂

Fragen zum Berufsweg

23. „Warum möchten Sie sich verändern?"

Das Frageziel des Interviewers

Gründe für Wechsel

Welche Motive gibt es in diesen Zeiten, die Firma zu wechseln?

- Man sucht rechtzeitig das Weite, ehe man hinausgeworfen wird.
- Man ist absolut unzufrieden mit der Aufgabe.
- Man fühlt sich von seinem Vorgesetzten schlecht beziehungsweise ungerecht behandelt.
- Man ist kollegial völlig isoliert.
- Der Job ist hinsichtlich seiner Anforderungen ausgereizt und man sucht die „neue Herausforderung".
- Der Partner hat beruflich in einer anderen Region eine gute Chance erhalten und man möchte keine Wochenendehe führen.

Ihr Gesprächspartner wird sehr genau aufpassen, welche Gründe Sie nennen.

Antwort A

„Ich mache meinen derzeitigen Job jetzt bereits seit fünf Jahren. Irgendwann ist man da ausgebrannt. Wer zu lange dieselbe Aufgabe macht, entwickelt sich nicht mehr. Viele werden dann nur noch schlechter und dieses Schicksal möchte ich mir ersparen."

Bewertung

Stellen Sie sich einmal vor, Ihr Gesprächspartner antwortet: „Das ist ja interessant, was Sie da erzählen. Ich bin in diesem Unternehmen seit 15 Jahren Personalleiter und empfinde meine Arbeit immer noch als spannend und herausfordernd." Jetzt ist der Bewerber aufgeschmissen. Also Vorsicht! Die Antwort mag sachlich durchaus zutreffend sein, könnte aber das Selbstwertgefühl des Gesprächspartners lädieren. Der möchte eventuell auch seit Jahren etwas anderes machen, hat aber bisher keine Chance erhalten.

Praxis-Beispiel

Antwort B

„Um nicht lange drum herumzureden – ich komme mit meiner Chefin nicht klar. Ständig gibt es Missverständnisse, die sich natürlich auf die Arbeit auswirken und das ist dann schade.

Ich hab schon so oft hin und her überlegt, was da falsch läuft oder was ich falsch mache – ich kann es nicht richtig benennen. Dabei ist meine Vorgesetzte sehr kompetent – ich hatte gehofft, viel von ihr zu lernen. Aber so geht es einfach nicht weiter und deshalb suche ich den Aufbruch zu einem neuen Ufer." ◂

Bewertung

Der Bewerber verzichtet klugerweise darauf, die Chefin in die Pfanne zu hauen. Viele Bewerber reden gern von Versprechungen, die ihnen angeblich gemacht worden sind und dann gebrochen wurden. Aber mit Schuldzuweisungen zu hantieren, bringt überhaupt nichts. Der Autor würde die obige Antwort in seiner Eigenschaft als Personalberater durchaus honorieren. Manchmal passen Menschen nicht zueinander und wenn man sie passend machen will, muss man sie verbiegen. Aber das kann ja auch nicht die Lösung sein.

Experten-Tipp

Dos und Don'ts für die Begründung eines Wechselwunsches

- Niemals den derzeitigen Arbeitgeber schlecht machen: Natürlich verhalten sich nicht alle Arbeitgeber so, wie sie es sollten. Aber es kommt nicht gut an, wenn man den Wechselwunsch über Fehler und Versäumnisse anderer begründet.
- Den Wechselwunsch sachlich begründen: Nachvollziehbare sachliche Gründe sind beispielsweise ein möglicher Zuwachs an Verantwortung, eine stärker international ausgerichtete Aufgabe oder der Schritt in die Personalverantwortung. Es ist auch nicht unanständig, eine angestrebte Einkommensverbesserung als Veränderungsmotiv mit anzuführen.
- Nicht beliebig oder zu allgemein argumentieren: „Ich muss mal etwas anderes machen." – „Ich muss raus aus der Routine." – „Ich mache diesen Job schon zu lange." Diese und ähnliche Formulierungen sind aus dem Argumentationskatalog zu streichen – obwohl sie sehr wichtig sein können. Leider vertragen sie sich nicht mit Eigenschaften wie Beständigkeit und Durchhaltevermögen.

- Berufliche Fehlentscheidungen einräumen: Wer nicht zu seinen Fehlern steht, wird sich kaum weiterentwickeln und stellt deshalb irgendwann eine Belastung für einen Betrieb dar. Natürlich kommt es nicht gut an, wenn man zweimal denselben Fehler gemacht hat. Also: Sagen, was Sache war und was man daraus gelernt hat. „Trial and Error" ist sicher ein wichtiges Erfolgsprinzip, so lange die Irrtümer allerdings nicht zur Regel werden.

24. „Was hat Ihnen an Ihrem letzten Job besonders gut gefallen?"

Das Frageziel des Interviewers

Positives über frühere Aufgaben berichten

Keine Antwort wäre in diesem Falle auch eine Antwort – und zwar ganz bestimmt eine schlechte. Wer beispielsweise nach fünf Jahren wechseln möchte und nichts Positives über seine frühere Aufgabe anzuführen vermag, muss sich fragen lassen, warum er nicht früher einen beruflichen Schnitt gemacht hat.

Es gibt Wechselwillige, die an ihrem letzten – beziehungsweise oft noch derzeitigen – Arbeitgeber kein gutes Haar lassen. Die meisten Bewerber wissen natürlich, dass man seinen Brötchengeber im Nachhinein nicht schlecht machen sollte und deshalb wird gern über Umwegfragen – bei denen das Frageziel nicht sofort erkennbar ist – angetestet, wie ein Kandidat zu seinem bisherigen oder früheren Job steht.

Antwort A

„Es ging immer sehr kollegial zu – wir waren ein wirklich gutes Team in unserer Abteilung. Jeder konnte sich auf den anderen verlassen – und mit meinem Vorgesetzten kam ich auch prima klar."

Bewertung

Es gibt bessere Antworten. Der Bewerber ist nämlich mit keinem Wort auf seine Aufgaben eingegangen.

Praxis-Beispiel

Antwort B

„Ich hatte sehr viel direkten Kundenkontakt – nicht nur am Telefon. Und – das war besonders erfreulich – ich hatte im Kundengespräch einen recht großen Entscheidungsspielraum, musste mich also nicht ständig bei meinem Chef absichern. Dadurch hatte ich natürlich ein gutes Standing bei meinen Kunden." ◂

Bewertung

Sehr gut – aber riskant, falls im angestrebten neuen Job weniger Kundenkontakt vorgesehen ist, sondern eher konzeptionell-strategische Aufgaben zu erledigen sind.

Experten-Tipp

Vermeiden Sie Widersprüche

- Listen Sie auf, was an Ihrem früheren beziehungsweise derzeitigen Job, den Sie aufgeben möchten, positiv war beziehungsweise ist.
- Falls Ihnen nichts einfällt, müssen Sie sich fragen lassen, warum Sie sich erst jetzt verändern möchten beziehungsweise warum Sie die Aufgabe zu Beginn so falsch eingeschätzt haben. Sammeln Sie dafür Argumente.
- Vermeiden Sie Widersprüche! Führen Sie keine Inhalte als erfreulich an, die die neue Aufgabe, um die Sie sich jetzt bewerben, gar nicht vorsieht.
- Wenn Sie sich zu positiv über Ihre frühere Aufgabe äußern, laufen Sie unter Umständen Gefahr gefragt zu werden, warum Sie sich überhaupt verändern wollen. ◂

25. „Wo möchten Sie beruflich in fünf Jahren stehen?"

Das Frageziel des Interviewers

„Wo wollen Sie eigentlich hin?", fragte der Kabarettist Helmut Qualtinger einmal einen jungen Motorradfahrer. Die Antwort: „Das weiß ich selbst nicht genau." Qualtinger: „Warum rasen Sie dann so?" Der Motorradfahrer: „Na ja – umso schneller komme ich doch an." Wer nicht weiß, wohin die berufliche Reise gehen soll, braucht sich nicht zu wundern, wenn er da landet, wo er nicht hin wollte. Deshalb gehört die Fähigkeit, Ziele zu formulieren oder auch umzuformulieren, zu den wichtigsten Schlüsselqualifikationen einer Fach- und Führungskraft. Ein Bewerber ist hier doppelt gefordert: Er sollte Vorstellungen für seine berufliche Zukunft haben und diese sollten, zumindest in den Augen des Gesprächspartners, realistisch sein.

Praxis-Beispiel

Antwort A

„In fünf Jahren möchte ich auf Ihrem Stuhl sitzen."

Bewertung

Die Zeiten, als man mit dieser kecken Antwort noch Selbstbewusstsein demonstrieren konnte, sind lange vorbei. Wer sich heute zu sehr von der eigenen Vorzüglichkeit beeindruckt zeigt, wirkt nicht gerade vorteilhaft.

Praxis-Beispiel

Antwort B

„Ach wissen Sie, für mich ist es erst einmal wichtig, diese Hürde hier zu nehmen. Alles Weitere wird sich dann schon finden. Aber es würde mich schon interessieren: Wie sind denn die Karrierechancen in Ihrem Unternehmen? Welchen Bedeutung hat die Personalentwicklung in Ihrem Hause? Es bringt ja nichts, wenn man irgendwelche Träume oder Hoffnungen hat und die Umstände nicht entsprechend sind. Klar, eins ist sicher, ich möchte möglichst nicht fünf Jahre lang denselben Job machen."

Bewertung

Der Bewerber wirkt planlos. Der letzte Satz nährt den Verdacht, dass er – einmal in den Niederungen des beruflichen Alltags angekommen – recht bald unzufrieden werden würde.

Praxis-Beispiel

Antwort C

„Natürlich ist für mich zunächst einmal die Frage ‚Was kann ich tun?' wichtiger als die Frage ‚Was kann ich werden?'. Aber ich habe mir selbstverständlich auch Gedanken darüber gemacht, wie es mittelfristig weiter gehen könnte. Toll fände ich einen Auslandseinsatz bei einem Tochterunternehmen – falls es zu einer positiven Entscheidung kommt. Osteuropa fände ich besonders interessant, weil ich mich mit den neuen EU-Mitgliedern und den ökonomischen und sozialen Transformationsprozessen intensiv befasst habe." ◂

Bewertung

Gut geantwortet. Wer permanent mit seinem beruflichen Fortkommen beschäftigt ist, vernachlässigt meist seine Aufgabe. Die dann formulierten Vorstellungen sind klar und gut begründet.

Experten-Tipp

Über den Tag hinaus denken – ohne ungeduldig zu sein

Das gilt ganz besonders für (Führungs-)Nachwuchskräfte. Hier einige Beispiele, wie sie je nach Ambition und Qualifikation antworten könnten:

- „Mittelfristig möchte ich Personalverantwortung übernehmen – ich stelle mir also eine Linienaufgabe vor."
- „In fünf Jahren wäre ich gern Key Account Manager."
- „Ich möchte gerne in einigen Jahren federführend anspruchsvolle Projekte realisieren."
- „Interessant wäre es für mich, einmal Einfluss auf Unternehmensstrategien nehmen zu können." ◂

26. „Warum lassen sich Ihre beruflichen Ziele nicht bei Ihrem derzeitigen Arbeitgeber verwirklichen?"

Das Frageziel des Interviewers

Die Frage bezieht sich auf die Motive des Wechselwilligen. Mit ihr sollen noch einmal jene Erkenntnisse abgerundet und abgesichert werden, die die direkte Frage nach den Gründen für den Veränderungswunsch erbracht hat.

Praxis-Beispiel

Antwort

„Die Aufgabe in der Debitorenbuchhaltung ist für mich von den Anforderungen her ausgereizt. Ich mache das jetzt seit vier Jahren – habe zwischenzeitlich meinen Bilanzbuchhalter gemacht – und sehe zur Zeit keine Entwicklungsmöglichkeit in meiner Firma, zum Beispiel in Richtung Sachgebietsleitung. Die Positionen, die für mich interessant sind, sind derzeit leider alle besetzt. Und es entspricht nicht meinem Naturell, auf einen Zufall zu warten. Da ergreife ich lieber die Initiative."

Bewertung

Eine gute Antwort, die nachvollziehbar ist und Ehrgeiz im positiven Sinne durchblicken lässt.

Experten-Tipp

Die Frage ist weniger harmlos, als sie sich anhört

Insbesondere Bewerber, die den Schritt in die Personalverantwortung suchen, müssen hier aufpassen. Es darf nicht der Eindruck entstehen, dass der bisherige Arbeitgeber an den Führungsqualitäten des Bewerbers zweifelt und ihm deshalb keine Chance einzuräumen bereit ist. Also aufpassen, wenn hier noch einmal nachgefasst wird.

27. „Wie stellen Sie sich die Einarbeitungszeit vor?"

Das Frageziel des Interviewers

Wer beim Zuknöpfen eines Hemdes oder einer Bluse das erste Knopfloch verfehlt, kommt mit dem Rest nicht mehr zurande. Man kann diese Feststellung von Johann Wolfgang von Goethe auch folgendermaßen umformulieren: Wie man im neuen Job startet, liegt man später im Rennen.

Das war schon immer so – neu ist der Umstand, dass die Jobs einstweilen recht rar geworden sind und mit dem Abschluss eines Anstellungsvertrags die Zukunft noch lange nicht gewonnen ist. Wohl niemals beförderten sich so viele Ein-, Um- und Aufsteiger vor der Zeit ins berufliche Abseits, wie in diesen Tagen.

Praxisschock für Neulinge

Die Neueinsteiger scheitern nicht selten, weil sie eine betriebliche Situation vorfinden, von der sie in keinem Seminar jemals etwas gehört haben. Man nennt das bekanntlich Praxisschock, der vor allem die hoffnungsfrohen Young Professionals beizeiten außer Gefecht setzt. Und damit ist klar, worum es bei dieser Frage geht.

Praxis-Beispiel

Antwort

„Als Neuling gerät man natürlich erst einmal auf den Prüfstand. Die Kollegen und Kolleginnen wollen wissen, mit wem sie es zu tun haben – und das ist ja auch ihr Recht. Ich würde deshalb allen so offen wie möglich begegnen, aber dennoch eine gewisse Distanz wahren. Man muss als Neuer aufpassen, dass man nicht gleich – womöglich noch von den falschen Leuten – vereinnahmt oder in Cliquen hineingezogen wird. Im Übrigen ist mir klar, dass die Probezeit eine Bewährungs- und eine Lernzeit ist. Das wichtigste Wort für den Neuzugang heißt meiner Meinung nach ‚Warum'. Man muss das Unternehmen, die Abläufe und die Strukturen verstehen und dazu muss man Fragen stellen und ein guter Zuhörer sein. Allmählich sollte dann aber auch deutlich werden, wofür man persönlich steht – man muss also auch eine Meinung haben und diese äußern, ohne allerdings den Schlaumeier zu geben."

Bewertung

Der Bewerber spricht die mögliche gruppendynamische Situation an, auf die er treffen könnte und zeigt damit ein ausgeprägtes Problembewusstsein. Und auch da hat er Recht: Leute, die alles besser wissen, mag man nicht so gerne, schon gar nicht, wenn es sich um Neulinge handelt. Diesen Grundsatz beherzigen leider nicht alle Neulinge.

Hintergrundinformation: informelle Strukturen kennen lernen

Wer antike Bauwerke in Griechenland besichtigt und keine Ahnung davon hat, dass es dorische, ionische und korinthische Säulen gibt, wird kaum Unterschiede bemerken, ihm werden die Bauwerke auch keine Geschichte erzählen können. Ähnlich verhält es sich mit einem Unternehmen, in dem man startet. Wer nicht weiß, worauf er als Neuling besonders zu achten hat, wird zum Nachteil seiner beruflichen Entwicklung so manches übersehen.

Unternehmen als informelle Organisation

In der Regel hat jeder schon vor dem Start eine Vorstellung davon, wie sein zukünftiger Arbeitgeber organisiert ist, aus welchen Vorstands- und Geschäftsführungsbereichen der Betrieb besteht, in welche Hauptabteilungen und Abteilungen er gegliedert ist und welche Aufgaben als Stabsfunktion wahrgenommen werden. Dies alles besagt noch nicht viel. Jedes Unternehmen lässt sich als Organigramm darstellen und alles könnte wunderbar funktionieren, wenn es nicht die Leute in den Kästchen gäbe. Oder anders: Hinter der formellen Organisation verbirgt immer eine informelle Beziehungs- und Machtstruktur, die man nicht ignorieren darf. Wer neu in einen Betrieb kommt, findet Mitarbeiterinnen und Mitarbeiter vor, die eine mehr oder weniger intensive gemeinsame Geschichte haben. Diese gemeinsame Geschichte kann darin bestehen, dass man sich gegenseitig auf der Karriereleiter nach oben bugsiert oder aber behindert hat. Da wurden in der Vergangenheit Erfolge miteinander gefeiert, bisweilen auch einander missgönnt und so mancher schleppt einen Makel bis zum Ende seiner Tage im Betrieb mit sich herum. Alle wissen es, nur der Neuling ist völlig ahnungslos und verbündet sich wohlmöglich leichtfertig mit den falschen Leuten.

Macht und Ohnmacht

Insofern ist es nicht wichtig, auf einige Fragen möglichst bald eine Antwort zu finden. Etwa: Wessen Meinung zählt im Betrieb ganz besonders? Wer hat einmal eine grandiose Fehlentscheidung getroffen, die beinahe den Kopf gekostet hätte? Wer spielt mit wem Tennis oder Golf? Wer ist mit wem privat liiert? Und nicht zuletzt: Wer konkurriert mit wem um welche Position? Das alles ist aus der formellen Hierarchie und dem veröffentlichten Organisationsschema nicht ablesbar und deshalb weiß der Neue zunächst einmal herzlich wenig über die tatsächlichen Verhältnisse von Macht und Ohnmacht im Unternehmen.

Experten-Tipp

Interne Spielchen

„Was den Job schwierig macht, sind die ungeschriebenen Gesetze. Nie wissen Sie, woran Sie sind, es redet ja keiner offen."

Adrian von Dörnberg, Ex-Vorstand Lufthansa

28. „Welche Schwierigkeiten könnten sich aus Ihrer langen Betriebszugehörigkeit ergeben?"

Das Frageziel des Interviewers

Umsteiger geraten oft in Schwierigkeiten, weil ihre langjährige Firmentreue zu einschlägigen Prägungen und Konditionierungen geführt hat, die die Anpassung an das neue betriebliche Umfeld nicht gerade leicht machen. Und so ist es denn den neuen Kollegen ein Ärgernis, wenn der Neue dauernd erklärt, dass man dies oder jedes in seiner alten Firma aber ganz anders gemacht habe. Die Frage dreht sich also darum, ob der Neuzugang unentwegt in den Rückspiegel oder nach vorn schauen würde.

Praxis-Beispiel

Antwort

„Ich verdanke meinem bisherigen Arbeitgeber sehr viel – ich konnte jede Menge Erfahrungen sammeln und habe ja auch eine gute Entwicklung hinter mir. Aber natürlich wird man durch ein Unternehmen – wenn man sich identifiziert und mit dem Herzen dabei ist – auch geprägt. Aber die Einstellungen, die ich im Laufe der Jahre entwickelt habe, sind eher zeitlos – die braucht jedes Unternehmen: Verlässlichkeit, Durchhaltevermögen und die permanente Bereitschaft zum Lernen.

Natürlich muss ich aufpassen, dass ich dem neuen Betrieb nicht an alles den Maßstab anlege, der in der alten Firma galt. Aber ich freue mich jedenfalls auf den Aufbruch zu neuen Ufern und bringe sicher so einiges mit, was für Ihr Unternehmen von Nutzen sein wird." ◂

Bewertung

Kein Einwand. Besonders gut ist der Zusatz „Natürlich muss ich aufpassen, dass ..." Der Bewerber sagt ‚ich' statt ‚man', wo es um mögliche Schwierigkeiten geht.

Hintergrundinformation: die eigenen Motive hinterfragen

Erzwungener Wechsel

Firmen wollen keine so genannten Jobhopper, hegen aber auch erhebliche Bedenken gegenüber Bewerbern, die sich aus einem sehr langen Anstellungsverhältnis heraus verändern wollen (oder müssen). Am Anfang steht folglich immer der Verdacht, dass der Bewerber auf der Kippe steht und die Flucht nach vorn sucht. Im Klartext: Er möchte sich gar nicht verändern, aber die Verhältnisse erzwingen dies.

Aber die Motivlage kann auch ganz anders sein. Der Interessent hat beispielsweise auf eine bestimmte Position spekuliert und ist nicht zum Zug gekommen. Und möglicherweise auch noch aus Gründen, die mit seiner Leistung gar nichts zu tun haben. Wer Entscheidungsprozesse in der Wirtschaft halbwegs wach verfolgt, weiß auch, dass Derartiges vorkommt.

Fragen rund um die Persönlichkeit

29. „Was sind Ihre besonderen Stärken?"

Das Frageziel des Interviewers

Der Schriftsteller Wilhelm Raabe hat eine typisch menschliche Schwäche auf den Punkt gebracht: „Unsere tägliche Selbsttäuschung gib uns heute!" Diese Selbsttäuschung kann sich nach Erkenntnissen der Psychologie auf die Leugnung von Schwächen, zum Schutz des Selbstwertgefühls, und auf die Behauptung von Stärken beziehen. Wer in eigener Sache auf Dauer die Wirklichkeit ignoriert, wird Schiffbruch erleiden. Oder um es auf die hier zu behandelnde Frage zu beziehen: Wer von seinen Talenten keine Ahnung hat, kann sie auch nicht entwickeln oder richtig einsetzen. Der Interviewpartner achtet hier genau darauf, ob die vom Bewerber benannten Stärken für die Bewältigung der besprochenen Aufgabe auch wichtig sind.

Praxis-Beispiel

Antwort A

„Ach – wissen Sie – das können andere besser beurteilen. Ich kann mich zu diesem Thema doch nur ganz subjektiv äußern. Und das klingt dann immer so nach Eigenlob und das liegt mir gar nicht."

Bewertung

Mit solchen Gemeinplätzen darf man sich nicht aus der Affäre ziehen wollen. Natürlich können einen andere im Zweifelsfall besser beurteilen und natürlich ist jede Beurteilung mehr oder weniger subjektiv – aber wer sich um eine Aufgabe bewirbt, muss sich doch vorher Fragen, ob er dafür geeignet sein könnte. Die Antwort ist inakzeptabel.

Praxis-Beispiel

Antwort B

„Meine Stärken? Teamfähigkeit, Durchsetzungsfähigkeit, Sozialkompetenz! Außerdem finde ich schnell Kontakt zu anderen Menschen. Ja – ich denke, dass ich auch kommunikationsstark bin. Ich kann auch sehr gut zuhören. Aktives Zuhören ist ja eine wichtige Fähigkeit heutzutage."

Bewertung

Wenn man eine Schraube überdreht, zerspringt sie. Wer bei der Frage nach den Stärken alle möglichen Vorzüge beliebig aufsagt, wirkt unglaubwürdig. Im Übrigen erweckt der Bewerber den Eindruck, dass er mit Begriffen hantiert, von denen er herzlich wenig Ahnung hat. Ist ihm klar, dass Teamfähigkeit und Durchsetzungsfähigkeit einander erheblich widersprechen können? Die Wette gilt, dass er die Schlüsselqualifikation Sozialkompetenz nicht überzeugend definieren kann. Er muss aber damit rechnen, dass nachgefragt wird.

Praxis-Beispiel

Antwort C

„Mit dieser Frage habe ich mich natürlich noch einmal gründlich befasst, als ich Ihr Stellenangebot gelesen habe. Ich glaube, ich erkenne recht schnell, worauf es ankommt, kann mich gut strukturieren – also das Wesentliche vom Unwesentlichen unterscheiden und Prioritäten setzen. Ich hatte einen Deutschlehrer, der uns eingebläut hat, bei jedem Thema zunächst die Frage zu stellen: ‚Worauf kommt es eigentlich an?' Das war ein guter Tipp, der mir immer sehr geholfen hat. Außerdem halte ich mich für besonders belastbar. Ja – mit Stress kann ich gut umgehen."

Bewertung

Eine gute und sympathische Darstellung der Stärken – mit Begründung und einem Bezug zum Anforderungsprofil der Position.

Experten-Tipp

Dos und Don'ts: „Was sind Ihre besonderen Stärken?"

- Das Anforderungsprofil der Aufgabe beachten! Es geht nicht um irgendwelche tollen Eigenschaften, über die Sie als Bewerber verfügen, sondern um jene, die zur Aufgabe passen.
- Die im Stellenangebot benannten Eigenschaften umformulieren! Es ist nicht ratsam, bei der Frage nach den Stärken die im Stellenangebot er-

wähnten Soft Skills einfach aufzusagen. Verwenden Sie eigene Formulierungen, ohne allerdings den Kern der Anforderungen zu verfälschen. Sagen Sie statt „Ich kann Prioritäten setzen" beispielsweise „Ich kann recht gut zwischen Wichtigem und weniger Wichtigem unterscheiden und handele auch entsprechend".

- Keine falsche Bescheidenheit! Im Job gilt es, die Vorzüge des eigenen Unternehmens beziehungsweise seiner Produkte selbstbewusst nach außen zu vertreten – man sollte das deshalb auch in eigener Sache können. Wer sich bei der Frage nach den Stärken zu lange ziert, ruft den Verdacht hervor, dass er sich im Umgang mit Kunden zu defensiv verhalten wird.

Vorzüge nach außen vertreten

- Weniger ist mehr! Es gibt Bewerber, die bei der Frage nach den Stärken ein breites Sortiment ausloben. Das wirkt natürlich unglaubwürdig.
- Behaupten Sie keine Eigenschaften als Stärke, bei der Sie eventuell sofort den Beweis antreten müssen und mit ziemlicher Wahrscheinlichkeit scheitern werden. Manche Bewerber loben ihre kommunikative Kompetenz und bekommen in Wirklichkeit keinen Satz vernünftig zu Ende. Wer seinem Gesprächspartner bei der Begrüßung die Hand kaum drücken kann, muss sich überlegen, ob er Belastbarkeit in Bewährungssituationen als besonderen Vorzug angeben sollte.

30. „Was sind Ihre besonderen Schwächen?"

Das Frageziel des Interviewers

Schwächen, die einem bewusst sind, können einem nicht mehr sonderlich schaden. Das ist der entscheidende Punkt bei dieser Frage.

„Bitte erzählen Sie uns was über Ihre Schwächen?" Viele Bewerber greifen bei dieser Frage erst einmal nach der Kaffeetasse wie nach einem Rettungsring. Unangenehme Frage? Überrascht? Nicht vorbereitet? Man kann nicht nicht kommunizieren! Auch wenn man schweigt, sagt der Körper etwas über einen aus.

Körpersprache lässt sich nicht unterdrücken

Wie also geht man mit dieser bei den meisten Bewerbern besonders verhassten Frage um? „Ehrlichkeit ist die wichtigste Voraussetzung für den Erfolg. Wer sie perfekt vortäuschen kann, ist ein gemachter Mann." So jedenfalls heißt es in einem irischen Kaufmannssprichwort. Das klingt zynisch, dürfte aber von Fall zu Fall zutreffen. Und bei der Frage nach den Schwächen darf man sich – bei aller erwünschten persönlichen Integrität – ausnahmsweise ein wenig am irischen Volksmund orientieren. Es geht nicht darum, den Blick in seelische Abgründe frei zu geben. Bei der Frage nach den persönlichen Schwächen geht es darum, auf eine pikante Frage überzeugend zu reagieren. Schlechte Karten hat deshalb jeder Bewerber, der von der Frage nach den persönlichen Schwächen überrascht wird. Schließlich gehört sie zum Standardrepertoire der meisten Personalverantwortlichen.

Praxis-Beispiel

Antwort A

„Mein Problem ist, dass mir die Dinge manchmal nicht schnell genug gehen und dann werde ich ungeduldig."

Bewertung

Diese Antwort haben die Personaler schon tausend Mal gehört.

Praxis-Beispiel

Antwort B

„Ich glaube, dass ein gesundes Selbstbewusstsein die wichtigste Voraussetzung für Erfolg ist. Wer an sich selbst glaubt, hat auch die Energie, Hindernisse und Schwierigkeiten zu überwinden. Das ist es – darauf kommt es an. Ansonsten gilt: Jeder kann sich mal irren – niemand ist perfekt. In diesem Sinne habe ich sicher auch meine Schwächen."

Bewertung

Der Satz „Niemand ist perfekt" müsste verboten werden. Dem Bewerber ist anzukreiden, dass er plump ausweichend reagiert und Allerweltsweisheiten absondert.

Praxis-Beispiel

Antwort C

„Das habe ich mir gedacht, dass Sie danach fragen würden. Ich fürchte, dass ich trotz oder eher wegen meines Studiums zu wenig anwendungsbezogenes Wissen mitbringe. Ein akademisches Oberseminar hat vermutlich nicht immer etwas mit der betrieblichen Wirklichkeit zu tun. Andererseits habe ich gelernt, mir die notwendigen Kenntnisse und Informationen zu beschaffen und diese kritisch zu bewerten."

Bewertung

Der Bewerber hat eine Schwäche angesprochen, die für Berufseinsteiger – insbesondere für Hochschulabsolventen – typisch ist. Dies zeugt von Problembewusstsein und kommt deshalb gut an.

Antwort D

„Mich ärgert es maßlos, wenn andere im Team ihr Wissen für sich behalten – so nach der Devise: ‚Ich mache die anderen doch nicht noch schlau.' Hier werden viele Reibungsverluste produziert – wenn alle von ihrem Wissen abgeben würden, könnte vieles schneller gehen. Wenn ich so was merke, reagiere ich meist ungehalten und undiplomatisch. Ich denke, manchmal müsste ich da etwas gelassener werden."

Bewertung

Gelungen! So macht man aus einer Schwäche eine Stärke. Und in der Tat ist es für viele Unternehmen ein Ärgernis, wenn Wissen zurückgehalten wird.

Dos und Don'ts: „Was sind Ihre besonderen Schwächen?"

- Es geht nicht darum, einen Einblick in seelische Abgründe zu gewähren! Bei der Frage nach den persönlichen Schwächen geht es darum, auf eine sehr persönliche Frage überzeugend und gewinnend zu reagieren.
- Zeigen Sie sich souverän und flexibel! Das Berufsleben hält viele Fragen bereit, die nicht immer direkt, sondern manchmal auch politisch beantwortet werden müssen. Wenn jeder jedem sagte, was er von sich und seinen Mitmenschen wirklich hält, wäre ein Zusammenleben kaum möglich.
- Denken Sie immer an das Anforderungsprofil! Achten Sie darauf, dass Sie keine Schwäche einräumen, die sich mit der zu vergebenden Aufgabe nicht verträgt. Sollte Sie eine derartige Schwäche allerdings tatsächlich haben, verdienen Sie eine Absage.
- Unwissen zugeben! „Wenn die Menschen nur über das sprächen, was sie begreifen, dann würde es sehr still auf der Welt sein." Die Mutmaßung von Albert Einstein ist zwar ironisch überspitzt, enthält aber einen wahren Kern. Begeben Sie sich nicht fahrlässig auf dünnes Eis, sondern beichten Sie Ihr Unwissen. Andererseits müssen Sie nicht gleich ungefragt von sich aus erzählen, wovon Sie keine Ahnung haben.

31. „Wofür arbeiten Sie?"

Das Frageziel des Interviewers

Balance zwischen Job und Privatleben

„Leben Sie, um zu arbeiten, oder arbeiten Sie, um zu leben?" Es gibt Zeitgenossen, die nicht zwischen Job und Privatleben unterscheiden (können) und es gibt andere, die ihre Arbeit nur als erzwungene und ungeliebte Unterbrechung der Freizeit empfinden.

Wir leben allerdings in einer Zeit der Arbeitsverdichtung – immer weniger Menschen müssen immer mehr leisten. Gesucht werden deshalb Mitarbeiter, die mit dem Herzen dabei sind und nicht auf die Uhr schauen, wenn eine Sache noch erledigt werden muss.

Praxis-Beispiel

Antwort

„Zufrieden bin ich, wenn ich den Anforderungen einer Aufgabe gerecht werde und das Gefühl habe, einen guten Job zu machen. Und wenn ich merke, dass ich besser werde. Ja – natürlich möchte ich beruflich voran kommen und die finanziellen Rahmenbedingungen sollten auch stimmen."

Bewertung

Diese Antwort ist gut, weil der Bewerber es nicht als unanständig empfindet, für seine Leistungen auch noch bezahlt werden zu wollen.

Experten-Tipp

Leistungsfähigkeit allein reicht nicht

Mancher kennt das aus dem Schulzeugnis oder von Elternsprechtagen: „Thomas ist sehr begabt, aber er zeigt zu wenig Fleiß. Deshalb bleiben seine Leistungen hinter den Möglichkeiten zurück."

Leistungsfähigkeit und Leistungsbereitschaft müssen Zwillinge sein. Jeder Einstellende weiß, dass die Leistungsfreude nicht alles ist („Hat sich immer bemüht!") – er weiß auch, dass ohne eine entsprechende Freude an der Leistung alles nichts ist. Die positive Einstellung zur Leistung muss also in der Antwort deutlich werden.

32. „Was heißt für Sie Erfolg?"

Das Frageziel des Interviewers

Die Vorstellungen gehen auseinander

Dies ist auch so eine Frage, über die man nicht nur als Jobsucher hin und wieder einmal nachdenken sollte. Natürlich gehen hier die Meinungen auseinander. Für Gustave Flaubert bestand Erfolg vor allem darin, möglichst viele Menschen vor den Kopf zu stoßen – für Albert Einstein war Erfolg = Arbeit + Muße + Mundhalten. Jeder möchte erfolgreich sein, aber die Vorstellung hinsichtlich dessen, was da angestrebt wird, laufen eben oft weit auseinander.

Ihr Gesprächspartner möchte hier wissen, ob Sie eher ein Minimalist sind, der bereits von Erfolgen spricht, wo andere augrund ihrer Anspruchshaltung eine normale Pflichterfüllung sehen – oder ob Sie als möglicher Leistungstreiber die Messlatte nach oben legen werden.

Praxis-Beispiel

Antwort A

„Ein Erfolgserlebnis empfinde ich, wenn ich mein Arbeitspaket gut bewältigt habe und dabei meine Kenntnisse und Fähigkeiten voll einsetzen konnte."

Bewertung

Die Antwort ist gut, weil sie überzeugend rüberkommt und gleichzeitig nicht überheblich klingt.

Praxis-Beispiel

Antwort B

„Das Gefühl, wirklich erfolgreich zu sein, stellt sich bei mir ein, wenn ich eine Aufgabe bewältige, bei der die Wahrscheinlichkeit des Scheiterns 50 Prozent beträgt. Genau da liegt ja die echte Herausforderung im Leben. Erfolg besteht für mich auch darin, wenn man etwas Gutes verbessert hat."

Bewertung

Wer diesen Anspruch für sich formuliert, dürfte über das Mittelmaß hinaus wachsen beziehungsweise längst hinaus gewachsen sein.

Hintergrundinformation: zwei Motivationsarten

Materielle Erfolge

Es ist ganz sicher nicht als unanständig zu werten, wenn man unter Erfolg auch den Umstand verbucht, möglichst viel Geld zu verdienen. Der Zweck eines Unternehmens besteht schließlich darin, Erlöse zu erzielen – und da wäre es unnatürlich, wenn dies nicht auch die Mitarbeiter in eigener Sache anstrebten. Wer seinen persönlichen Erfolg allerdings nur anhand materieller Aspekte definiert, ist als Bewerber ein heikler Kandidat. Denn manchmal gilt es ja auch, finanzielle Durststrecken zu überwinden, und dann muss man in der Lage sein, andere Quellen für die eigenen und notwendigen Erfolgserlebnisse anzuzapfen.

Leistungsbereitschaft von innen

In der Psychologie unterscheidet man deshalb aus gutem Grund zwischen zwei Motivationsarten – der extrinsischen und der intrinsischen Motivation. Alles wird gut, wenn man mit dem Herzen dabei ist! Wer diese Haltung im Job für sich beanspruchen kann, befindet sich in einer komfortablen Lage – er ist intrinsisch motiviert. Seine Leistungsbereitschaft kommt von innen heraus. Es ist ganz klar, dass sich jedes Unternehmen solche Mitarbeiter wünscht.

Da nicht jede Aufgabe so spannend ist, dass die Mitarbeiter kein Halten mehr kennen, spielt die extrinsische Motivation auch eine gewichtige Rolle: Anerkennung von Vorgesetzten und Kunden, gute Beurteilungen, Beförderungen, Sonderzahlungen und Gehaltserhöhungen.

Ein glaubwürdiger Bewerber stellt den Reiz der zu bewältigenden Aufgaben in den Vordergrund, geht aber auch auf die äußeren Rahmenbedingungen ein. Alles andere wird einem doch nicht abgenommen.

33. „Was war in Ihrem Leben die bisher beste Entscheidung?"

Das Frageziel des Interviewers

Der Bewerber privat

In diesem Fall gilt: Nicht jede Antwort muss sich zwingend auf die Berufsrolle beziehen. Im Vorstellungsinterview möchte man keine zukünftige „Personalnummer auf zwei Beinen“ erleben, sondern etwas über den „ganzen“ Menschen erfahren.

Antwort

„Vor etwa fünf Jahren habe ich mich entschieden, einer Einladung zu folgen – obwohl ich eigentlich keine Lust hatte. Auf der Fete habe dann meinen heutigen Mann kennen gelernt. Das war rundum eine gute Entscheidung, dort hin zu gehen."

Bewertung

So geht das auch mal. Nur Profilneurotiker werden niemals locker, sondern versuchen, sich mit jeder Antwort als Glanzpunkt der Natur darzustellen.

Achtung Nachfrage

Eine gründliche Vorbereitung auf die hier dargelegten Fragen besteht auch darin, sich mit möglichen Nachfragen auseinander zu setzen. Einige Beispiele für diesen Fall: „Treffen Sie Ihre Entscheidungen eher aus dem Bauch oder aus dem Kopf heraus?", „Was war bisher Ihre schlechteste Entscheidung?", „Wie entscheidungsfreudig sind Sie überhaupt?".

34. „Worauf sind Sie in Ihrem Leben besonders stolz?"

Das Frageziel des Interviewers

Vor einiger Zeit gab es in Deutschland eine Debatte um die Frage, ob man auf etwas stolz sein dürfe, was man nicht selbst geleistet habe. Lassen Sie sich nicht verunsichern! Sie dürfen bei gegebenem Anlass durchaus stolz auf Ihren Lebenspartner, Ihre Kinder, Ihre Eltern oder Ihren Fußballverein sein. „Tu Gutes und sprich darüber." Dies ist ein für die Außendarstellung wichtiges PR-Prinzip. Auch die Mitarbeiter eines Unternehmens sind eingeladen, hier entsprechend mitzuwirken. Dies funktioniert allerdings nur, wenn jemand sich mit seinem Betrieb und dessen Produkten oder Dienstleistungen identifiziert – und vielleicht sogar stolz darauf ist. Oder anders: Menschen, die alles klein reden, erzeugen keine Aufbruchstimmung und verderben das Arbeitsklima.

Wichtiges PR-Prinzip

Praxis-Beispiel

Antwort A

„Ich habe ja – wie Sie meinen Unterlagen entnehmen konnten – nach meiner Ausbildung in einer Abendschule das Abitur nachgeholt. Über die Hälfte meiner Klasse hat damals die Ausbildung hingeschmissen – und darauf bin ich doch ein wenig stolz, dass ich mich damals durchgebissen habe und dabei mein Job auch nicht zu kurz kam."

Bewertung

Wer eine solche Leistung vorweisen kann, der darf auch wirklich darauf stolz sein.

Praxis-Beispiel

Antwort B

„Auf meine Frau und meine Kinder. Die Jüngste hat gerade eine Ausbildung zur Industriekauffrau begonnen und mein Ältester ist demnächst mit seiner Ausbildung fertig. Beide haben erfreulicherweise ihren Weg gefunden."

Bewertung

Manche Fragen kann man durchaus auch privat beantworten. Natürlich kommt diese Antwort besonders gut an, wenn sich der Interviewpartner in einer vergleichbaren familiären Situation befindet.

Experten-Tipp

Die Kraft der Bejahung

Die Stärke eines Unternehmens hängt nicht nur vom Kapital und wettbewerbsfähigen Produkten ab, sondern von den immateriellen Energien, die in der Belegschaft zu mobilisieren sind. Wenn Mitarbeiter stolz auf die Leistungen ihres Betriebes sind, erschließt sich genau diese Kraftquelle.

Es lohnt sich also durchaus, hier einmal innezuhalten: „Worauf kann ich in meinem bisherigen Leben eigentlich stolz sein?" Mit dieser Frage beschäftigt man sich ja nicht unentwegt, sofern man einigermaßen psychisch gesund ist. Aber manchmal kann dies durchaus sinnvoll sein, um sich seiner Wertigkeit zu versichern. Es folgen einige Anregungen, um deutlich zu machen, worauf Sie stolz sein können:

- Mitgliedschaft in einem Verein oder einer Organisation
- Leistungen dieses Vereins oder dieser Organisation
- Renommierte/r Schule/Ausbildungsbetrieb/Universität
- Fehlschläge/Krisen, die Sie überwunden haben
- Erwerb ungewöhnlicher Fertigkeiten
- Sportliche/musikalische/künstlerische Erfolge/Preise
- Ehrenamt
- Familie/Kinder
- Prädikatsexamen
- Besondere Auslandsaufenthalte/Praktika
- Exotische Liebhaberei (Hobby)

35. „Wie richten Sie sich nach einem Misserfolg moralisch auf?"

Das Frageziel des Interviewers

Niederlagen sind notwendig

Ein erfülltes und erfolgreiches Leben ist ohne Niederlagen undenkbar. Jeder Fortschritt ist nur durch das Prinzip „Versuch und Irrtum" zu haben – das mögliche Scheitern gehört grundsätzlich dazu. Viele Menschen haben eine falsche Einstellungen zum Misslingen und machen sich damit das Leben schwer.

Gesucht werden Mitarbeiter, die einen langen Atem haben, geduldig auf den Erfolg hinarbeiten und Misserfolge wegstecken können. Die weder vorschnell an sich zweifeln, noch an der Aufgabe verzweifeln – sondern Herausforderungen mit einem „Jetzt gerade!" beantworten. Gehen Sie deshalb freimütig-offensiv mit den kleinen oder größeren Niederlagen in Ihrem Lebenslauf um. Und zeigen Sie auf, wie Sie sich nach einer persönlichen Kalamität wieder aufgerafft haben, denn das hat eine Menge mit Ihrer persönlichen Zukunftsfähigkeit zu tun.

Antwort A

Praxis-Beispiel

„Ach – bisher habe ich im Leben eigentlich immer Glück gehabt. So richtig schief gegangen ist bei mir eigentlich noch nichts."

Bewertung

Selbst wenn es stimmt, ist dies keine glückliche Antwort. Man könnte zu dem Schluss gelangen, dass der Bewerber bisher keine Chance hatte, auch nur ein Mindestmaß an Frustrationstoleranz zu entwickeln. Die ist nämlich nur zu haben, wenn man hin und wieder einen Dämpfer erhält.

Praxis-Beispiel

Antwort B

„Erst einmal mache ich eine Ursachenanalyse: Was ist warum schief gegangen? Vor allem suche ich dabei nach meinem persönlichen Anteil am Scheitern: Was habe ich falsch eingeschätzt? Habe ich mich nicht ausreichend informiert beziehungsweise vorbereitet? Und dann suche ich nach dem Guten am Schlechten: Hat mich die Niederlage vor Schlimmerem bewahrt? Was habe ich daraus für die Zukunft gelernt? Wichtig ist für mich auch, die Dinge nicht für sich zu behalten, sondern mit anderen darüber zu sprechen."

Bewertung

Dem ist nichts hinzuzufügen. Sehr gut.

Experten-Tipp

Setzen Sie sich mit Ihren Misserfolgen auseinander!

- Was ist in Ihrem bisherigen Leben nicht so gelaufen, wie Sie sich das erhofft haben?
- Wie hoch war Ihr persönlicher Anteil am Scheitern?
- Welche Rolle spielten die Umstände?
- Was war das Gute am Schlechten? Was also haben Sie aus den Misserfolgen für sich persönlich gelernt?

Viele Bewerber führen Gründe an, die das persönliche Scheitern anderen in die Schuhe schieben. Darauf reagiert jeder Personalbeschaffer allergisch.

36. „Wovor haben Sie Angst?"

Das Frageziel des Interviewers

Der amerikanische Präsident und Gegner von Hitler-Deutschland, Franklin D. Roosevelt, warnte einst seine Landsleute: „The only thing we have to fear is fear itself." Da ist etwas dran. Und geradezu unwiderstehlich ist der Vorsatz, den der großartige, einstweilen verstorbene Publizist Johannes Gross vor Jahren in sein „Notizbuch" schrieb: „Mit vierzig habe ich beschlossen, keine Angst mehr zu haben. Ich habe es nicht bereut."

Angst kommt von Enge

Wie soll man sich als Bewerber bei dieser Frage positionieren? Nun, die Sprache ist ein guter Lehrmeister der Psychologie. „Angst" leitet sich ab vom mitteldeutschen „Angustie" und das bedeutete damals so viel wie „Enge". Kein Zweifel: Angst schränkt einen Menschen in seinen Entfaltungsmöglichkeiten ein. Und Angst ist vor allem ein Energiefresser. Ängste können einem den Schlaf rauben. Andererseits gilt die Angst auch als „Hüter der Gesundheit". Wer sich vor nichts fürchtet, kann ein Risiko für sich selbst und seine Umwelt sein. Gefragt ist weder der Angsthase noch der kaltschnäuzige Draufgänger.

Praxis-Beispiel

Antwort A

„Dass meiner Familie ein Unheil widerfährt – vor einer unheilbaren Krankheit. Vor Schicksalsschlägen."

Bewertung

Die Antwort ist völlig in Ordnung. Man muss aber damit rechnen, dass auch nach einem Beispiel gefragt wird, das etwas mit dem Beruf zu tun hat.

Praxis-Beispiel

Antwort B

„Ich glaube, dass derjenige, der kein Risiko eingehen will, heute das größte Risiko eingeht. Man muss etwas wagen, wenn man erfolgreich sein will. Aber natürlich habe ich Angst davor, Fehlentscheidungen zu treffen. Ich habe Angst vor Entscheidungen, die sich nicht rückgängig machen lassen. Zum Beispiel – falls Sie mir ein Angebot machen sollten – muss ich mich ja entscheiden, ob die Aufgabe wirklich zu mir passt. Ich bin ja Ersteinsteiger – was ist, wenn ich mich falsch entscheide und der Start ins Berufsleben missglückt?"

Bewertung

Das ist eine sachlich gut überlegte Antwort. Von einem Bewerber wird schon erwartet, dass er sich gewisser Risiken bewusst ist.

Experten-Tipp

Beschreiben Sie Ängste als Herausforderung

„Als neuer Mitarbeiter muss man ja erst einmal seinen Platz unter den Kolleginnen und Kollegen finden. Aber ich hoffe, dass mir das bald gelingen wird."

„Ich bin ja nicht mehr der Jüngste. Da macht man sich schon Sorgen über die Zukunft. Aber genau deshalb würde ich ja eine mir gebotene Chance mit Lust und Leidenschaft nutzen."

„Das wäre mein erster Schritt in die Personalverantwortung. Und da mache ich mir schon meine Gedanken – aber ich fühle mich bei allem Lernbedarf fit für diese Aufgabe."

37. „Arbeiten Sie lieber allein oder mit anderen zusammen?"

Das Frageziel des Interviewers

„Sorgen machen mir weiche Anforderungen wie Teamfähigkeit", sagte einmal Erwin Staudt in seiner Eigenschaft als IBM-Deutschland-Chef, „die viele unserer hochtalentierten Bewerber (...) nicht mitbringen."
Ja – viele Bewerber scheitern, weil sie den Verdacht erregen, ihren angemessenen Platz in einem vorhandenen Arbeitsteam nicht zu finden. Bei vielen Jobs hängt der Erfolg im Vorstellungsinterview deshalb auch davon ab, sich als Teamplayer glaubwürdig zu profilieren.

Praxis-Beispiel

Antwort A

„Ich arbeite am liebsten im Team. Da bekommt man die besten Ideen und man kann sich gegenseitig motivieren. Alle großen Leistungen sind im Grunde ja Teamleistungen. Das ist wie im Mannschaftssport ..."

Bewertung

Diese Antwort ist riskant. Sie ist vor allem dann gefährlich, wenn der Job den Einzelkämpfer fordert oder der Gesprächspartner von Teamarbeit wenig hält.

Praxis-Beispiel

Antwort B

„Ich denke, dass ich ein guter Teamplayer bin. Ich habe übrigens viel Mannschaftssport betrieben. Da kann man nur erfolgreich sein, wenn man seinen Platz im Team findet. Aber man muss auch mit seinen Aufgaben klarkommen, wenn man auf sich allein gestellt ist. Ich arbeite gern mit anderen zusammen, aber wenn es sein muss, beiße ich mich auch allein durch. Im Übrigen muss nicht jede Aufgabe im Team erledigt werden. Das wäre ja absurd."

Bewertung

Mit dieser Antwort ist man auf der sicheren Seite, denn sie bildet am ehesten die Realität ab. Geschickt ist der Hinweis auf den Mannschaftssport in eigener Sache.

Experten-Tipp

Teamplayer und Individualist

- Bekennen Sie sich zum Teamprinzip, wenn es Ihrer Auffassung entspricht. Andernfalls suchen Sie sich eine Aufgabe, die den Einzelkämpfer fordert. Wer lieber für sich allein arbeitet, ist nicht automatisch anormal. Es gibt allerdings kaum Jobs, in denen nicht ein Mindestmaß an Kooperationsbereitschaft und -fähigkeit verlangt wird.
- Outen Sie sich nicht als bekennender Teamplayer, ohne zu wissen, was dies konkret bedeutet. Hier die amerikanische Übersetzung für das Wort „Team": Together everybody achieves more.
- Teamwork heißt nicht, Ferien vom Ich zu nehmen. Im Team ist das persönliche Mitdenken unverzichtbar.
- Machen Sie klar, dass Harmonie kein Selbstzweck ist. Durch „groupthink" („Wir sind uns ja alle so einig!") kommt oft der größte Blödsinn zustande.
- Kehren Sie nicht den „Gutmenschen" heraus. Unternehmen müssen Geld verdienen, um ihre Existenz und die damit verbundenen Arbeitsplätze zu sichern. Hier ist Ihr Beitrag als späterer Mitarbeiter gefordert und unter diesem Gesichtspunkt sollten Sie das Qualifikationsmerkmal Teamfähigkeit angehen.
- Zum Schluss streichen Sie bitte noch den folgenden Satz in Ihrem Kopf: „Die Aufgabe interessiert mich, weil ich Freude am Umgang mit Menschen habe." Sigmund Freud soll einmal gegenüber einem jungen Mann, der unbedingt anderen Menschen helfen wollte, den Verdacht geäußert haben, dass er ja wohl ein Sadist sein müsse.

38. „Wo konnten Sie Ihre Kreativität bisher unter Beweis stellen?"

Das Frageziel des Interviewers

Mit diesem Begriff wird in Deutschland häufig hantiert, aber mit diesem allein hat man noch nicht den Kern der Sache erfasst. Wenn man die Zahl der Nobelpreise als Maßstab nehmen mag, ist Deutschland in Sachen Kreativität sehr zurückgefallen. Wir müssen uns angesichts der Globalisierung und dem damit verbundenen steigenden Wettbewerbsdruck also etwas einfallen lassen. Aber was ist Kreativität überhaupt? Und wie zeigt sie sich im beruflichen Alltag?

Praxis-Beispiel

Antwort

„Ich war bei unserer Schülerzeitung drei Jahre für die Gestaltung der Titelseite verantwortlich. Und während meiner Ausbildung habe zwei Veranstaltungen mit konzipiert, in denen wir unsere Leistungen – also die der Azubis – sozusagen der innerbetrieblichen Öffentlichkeit präsentiert haben mit Rahmenprogramm und was so alles dazu gehört. Wir haben uns da schon so einiges einfallen lassen und das ist auch gut angekommen."

Bewertung

Eine pragmatische Antwort.

Experten-Tipp

Wie entsteht Kreativität?

- Methodismus überwinden! Der Erfolgskiller Nr. 1 besteht in der Neigung, stur an einer Methode festzuhalten, die einem früher immer den Erfolg beschert hat. In den USA heißt Kreativität recht treffend „out-of-the-box-thinking". Es gilt, den Käfig der Gewohnheit zu verlassen. Eine gute Methode ist hier das Brainstorming.
- Die Perspektive wechseln! Antoine de Saint-Exupéry hat bereits darauf hingewiesen: „Um klar zu sehen, genügt oft ein Wechsel der Blickrichtung." Deshalb ist es ja sinnvoll, im Team zu arbeiten, denn da kommen meistens Menschen mit verschiedenen Perspektiven zusammen. Und hier

liegt auch der zusätzliche Nutzen neuer Mitarbeiter – sie sehen so manches mit anderen Augen.

- Im Kontext denken! Wer das „Big Picture" nicht sieht, bleibt in seinem Denken und Handeln beschränkt.

39. „Was bedeutet für Sie Loyalität?"

Das Frageziel des Interviewers

Was hat Julius Caesar einmal gesagt? „Ich liebe den Verrat, aber ich hasse den Verräter." Natürlich möchten die kleinen und großen Machthaber dieser Welt rechtzeitig etwas über mögliche Gegner, Intriganten oder Versager in den eigenen Reihen erfahren, aber der Überbringer dieser manchmal nützlichen Informationen disqualifiziert sich aufgrund eines miesen Charakters. Die Forderung, sich gegenüber dem Unternehmen und dem eigenen Vorgesetzten grundsätzlich loyal zu verhalten, ist unverzichtbar. Loyalität heißt allerdings nicht, alles klaglos hinzunehmen beziehungsweise abzunicken.

Antwort A

Praxis-Beispiel

„Loyalität – das ist für mich Verlässlichkeit, Geradlinigkeit – und vor allem Integrität. Ein loyaler Mitarbeiter würde zum Beispiel niemals intrigieren."

Bewertung

Alles sachlich richtig, aber doch zu dünn vorgetragen.

Antwort B

Praxis-Beispiel

„Vielleicht mache ich es einfach mal an einem Beispiel deutlich, was ich darunter verstehe. Also – die Geschäftsleitung eines Unternehmens entwickelt ein neues Vertriebskonzept, das bei den Mitarbeitern zunächst auf Widerstand stößt. Es wird hart gerungen und am Ende setzt sich die Führung mit ihren Vorstellungen durch. Loyalität heißt nun, dieses Konzept zu akzeptieren und nicht hinter dem Rücken zu untergraben. Wer immer noch dagegen ist, muss dies deutlich sagen und eventuell für sich die Konsequenzen ziehen."

Bewertung

Der Bewerber argumentiert nicht mit großen Begriffen, sondern kommt zielgerichtet auf den Punkt. So etwas wird immer geschätzt.

Experten-Tipp

Loyales Verhalten

- Wenn der Fall vorliegt, dass eine Führungskraft mit den sie tangierenden konzeptionell-strategischen Überlegungen der nächsten Führungsebene nicht einverstanden ist, darf und sollte sie den eigenen Standpunkt vertreten. Ist aber eine Entscheidung getroffen, gibt es nur zwei Möglichkeiten: die Entscheidung akzeptieren und im eigenen Verantwortungsbereich umsetzen oder den Job wechseln.
- Im Außenverhältnis – vor allem beim Kontakt mit den Kunden und Lieferanten – ist ein einheitlicher und geschlossener Marktauftritt unerlässlich. Es kann folglich keinesfalls angehen, dass jemand als Mitarbeiter Unternehmensentscheidungen gegenüber oder im Beisein von Geschäftspartnern kritisiert.
- Wer mit dem Verhalten des direkten Vorgesetzten nicht einverstanden ist, hat für seine Beschwerde zunächst nur einen Gesprächspartner – den direkten Vorgesetzten.
- Bleibt ein solches Gespräch ergebnislos beziehungsweise der eigene Erfolg durch das Vorgesetztenverhalten gefährdet, kann man sich an eine höhere Instanz wenden. Allerdings nicht, ohne den betroffenen Chef darüber vorab in Kenntnis zu setzen.

40. „Was verstehen Sie unter Flexibilität?"

Das Frageziel des Interviewers

Flexibilität im Alltag

„Sie sind flexibel und ..." Der Begriff Flexibilität gehört zu den meistgenannten in Stellenangeboten. Und so mancher Bewerber rühmt sich seiner Flexibilität, kann aber nicht erläutern, worin sich diese Flexibilität in seinem Alltag widerspiegelt.

Denken Sie immer daran: Man sollte eine persönliche Eigenschaft nur dann für sich beanspruchen, wenn man eine Vorstellung davon hat, was sie konkret bedeutet.

Praxis-Beispiel

Antwort

„Ein flexibler Mensch ist nach meiner Auffassung jemand, der auf Veränderungen schnell und angemessen reagiert. Dabei kann es um neue Aufgaben gehen, die man kurzfristig übernehmen muss, es kann sich aber auch um eher banale Dinge wie einen ausgefallenen Beamer während einer wichtigen Kundenpräsentation handeln. Wie gehe ich mit der neuen und überraschenden Situation um? Wer flexibel ist, verliert nicht sein seelisches Gleichgewicht, sondern reagiert ideenreich und souverän. Aber das ist sicher immer auch eine Frage der Erfahrung."

Bewertung

Hier handelt es sich nicht um leeres Gerede, sondern um eine für jedermann verständliche Definition.

Hintergrundinformation: zur Unterscheidung

Hohe Flexibilität

Flexible Menschen

- gewinnen schnell ihr Gleichgewicht wieder, nachdem Erwartungen erschüttert wurden,
- behalten einen hohen Produktivitätsgrad auch in unsicheren Situationen bei,
- bleiben physisch und emotional gesund, wenn sie mit Unsicherheiten zu kämpfen haben,
- gehen aus den durch Veränderungen hervorgerufenen Anforderungen gestärkt hervor.

Geringe Flexibilität

Menschen mit geringem Flexibilitätsvermögen

- fürchten den Verlust von Besitzständen beziehungsweise haben Angst vor Überforderung,
- empfinden Veränderungen als persönliche Zumutung oder als Angriff auf das Selbstwertgefühl („War das denn alles so schlecht, was wir bisher gemacht haben?"),
- ignorieren beziehungsweise bagatellisieren die Veränderungen und ihre Auswirkungen („Wann wird die nächste Sau durchs Dorf getrieben?"),
- suchen unentwegt Gründe zur Legitimierung ihrer Abwehrhaltung,
- versuchen andere für ihren ablehnenden Standpunkt zu gewinnen.

41. „Wie mobil sind Sie?"

Das Frageziel des Interviewers

In Deutschland klagt man, dass zweimal umgezogen gleich einmal abgebrannt sei. Wer bei der Jobsuche einen Umzug für eine unbotmäßige Erschwernis hält, hat die Erfordernisse unserer Zeit noch nicht erkannt. Mobilität ist gefragt – ohne Wenn und Aber.

Praxis-Beispiel

Antwort A

„Ich weiß, dass man heute nicht generell davon ausgehen kann, eine angemessene Position im Heimatort zu finden. Andererseits möchte man ungern auf Freunde und Bekannte verzichten. Und schwierig ist das natürlich immer mit dem Partner – wenn der auch berufstätig ist – und mit den Kindern."

Bewertung

Da muss man auf allen anderen Gebieten schon sehr gut sein, um mit diesen Bedenken durchzukommen. Und wer sich in einem Unternehmen bewirbt, das international agiert, fällt mit dieser Antwort auf jeden Fall durch.

Praxis-Beispiel

Antwort B

„Das ist für mich kein Thema. Ich gehe dahin, wo die interessante Aufgabe auf mich wartet."

Bewertung

Das ist die zeitgemäße Antwort. Wo nichts beständiger ist als der Wandel, muss man sich als Bewerber bewegen – im Kopf und im Raum!

Experten-Tipp

Mobilität wird immer wichtiger

Es mag uns gefallen oder nicht – aber wir werden zukünftig noch viel mehr mobil sein müssen. Natürlich ist es verständlich, wenn jemand in seinem Heimat- beziehungsweise Studienort bleiben möchte, aber es ist unklug, dies als Grund für eine Bewerbung bei einem bestimmten Unternehmen anzugeben.

42. „Können Sie sich durchsetzen?"

Das Frageziel des Interviewers

Persönliche Stärke

In Fernsehinterviews werden Menschen manchmal Begriffe mit der Bitte vorgegeben, spontan zu äußern, was ihnen dazu einfällt. Das Wort „Durchsetzungsfähigkeit" kommt bei solchen Assoziationsspielen schlecht weg. Hier einige typische Gedankenverbindungen: „Härte", „Kälte", „Rücksichtslosigkeit", „Ellenbogen", „Egoismus", „Kapitalismus", „Kampf", „Aggression", „Gewalt". Das Soft Skill (!) „Durchsetzungsfähigkeit" ist meist emotional negativ besetzt und wird von vielen Bewerberinnen und Bewerbern deshalb – wenn überhaupt – eher verschämt als persönliche Stärke angeführt. Was halten Sie von der folgenden Antwort?

Praxis-Beispiel

Antwort

„Das kommt drauf an, worum es geht. Es gibt Situationen, da gebe ich schnell nach, weil die Sache mir nicht wichtig ist oder ich es anderen gönne, zu punkten. Und wenn mir etwas wichtig ist, versuche ich meine Kontrahenten erst einmal zu gewinnen. Ziehen, finde ich, ist immer besser als schieben."

Bewertung

Das könnte aus einem Manager-Handbuch stammen, ist aber eine durchaus pragmatische Antwort.

Experten-Tipp

Erkenntnisse nicht nur gewinnen, sondern auch umsetzen

Viele Mitarbeiter und Manager von Karstadt wussten schon seit Jahren, dass sich das Geschäftsmodell der 20er Jahre – nämlich vom Bleistift bis zum Orientteppich alles unter einem Dach anzubieten – längst überlebt hat. Aber es erschien niemand auf dem Plan, der ein neues Geschäftsmodell durchsetzen konnte beziehungsweise wollte. Es gab sicher gute Ideen.

Und Opel? Da waren Leute im Unternehmen, die davor gewarnt haben, dass das Image der Modelle zunehmend ins Biedermeier verfällt – sie haben sich leider nicht durchgesetzt. Und es gab Manager, die für den deutschen Markt eine Diesel-Version forderten – aber sie konnten sich bei der Mutter in Detroit kein Gehör verschaffen. Zum Nachteil aller Beteiligten.

43. „Wie konfliktfähig sind Sie?"

Das Frageziel des Interviewers

„Hauptsache einig"

In der ehemaligen DDR galt der Grundsatz: Hauptsache einig – kann ruhig falsch sein! Das Ergebnis ist bekannt. Wenn Konflikte – sei es durch die Staatsmacht, sei es durch eine autoritäre Führungskultur im Betrieb – von vornherein unterbunden werden, gibt es keinen Wettbewerb der Ideen. Unter solchen Verhältnissen ist auch selten eine rechtzeitige Anpassung an ein sich wandelndes Umfeld möglich. Was bleibt, ist das „Weiter so!" Die spektakulären Firmenpleiten der letzten Jahre sind oft auf diese Haltung zurückzuführen.

Nicht nur als Bewerber sind Sie gut beraten, zu den Persönlichkeitsmerkmalen „Konfliktbereitschaft" und „Konfliktfähigkeit" einen eigenen und angemessenen Standpunkt zu haben.

Praxis-Beispiel

Antwort

„Ich versuche bei Konflikten zunächst einmal das Gute am Schlechten zu finden. Zu einem Konflikt kommt es häufig, wenn Menschen offen ihre Wünsche und Interessen formulieren und diese dann mit denen der anderen kollidieren. Aber das hat einen Vorteil – man weiß, woran man ist. Nach meiner Überzeugung haben Konflikte die Menschheit oft nach vorn gebracht – wenn man sie vernünftig reguliert hat. Destruktiv werden Konflikte immer dann, wenn sie nicht rechtzeitig angesprochen werden."

Bewertung

Gute Analyse – guter Standpunkt.

Experten-Tipp

Grundsätze der Konfliktpsychologie

Konflikte sind eine Grundbedingung des Daseins. Menschen prallen mit ihren unterschiedlichen Interessen, Wertvorstellungen, Normen, Zielen und Wahrnehmungen aufeinander. Es ist zwar möglich, dies – auch über längere Zeiträume – mit Gewalt zu unterbinden, aus der Welt sind die Konflikte damit allerdings nicht.

Konflikte sind die wichtigste Funktionsbedingung von Entwicklung und Fortschritt.

Ziel der Konfliktregulierung sollte möglichst eine „Win-win-Situation" sein. Konflikte produzieren aber oft auch Verlierer. Deshalb hat der Wandel so viele Feinde. Man muss dies aushalten können, um die Zukunft zu gewinnen.

Konflikte, die nicht angesprochen und gelöst werden, vernichten Ressourcen. Wie Schwelbrände vergiften sie das Klima und machen auf Dauer krank.

44. „Mit welchen besonderen Belastungen rechnen Sie in Ihrer möglichen neuen Aufgabe bei uns?"

Das Frageziel des Interviewers

Falsche Einschätzungen

Auch „Belastbarkeit" gehört zu den Hauptbegriffen der Texter von Stellenangeboten. Der passende Bewerber – und darum geht es bei dieser Frage – kann die besonderen Erschwernisse einer Aufgabe einigermaßen auf den Punkt bringen. Arbeitgeber meiden jene Bewerber, die sich eher ahnungslos geben und später eine unangenehme Überraschung erleben. In vielen Fällen werden diejenigen Belastungen falsch eingeschätzt, die sich aus Reisetätigkeiten ergeben.

Praxis-Beispiel

Antwort

„Na ja – ich habe das ja vorhin selbst gesehen – Kunden am Counter und Kunden am Telefon. Und dann hat ein Kollege auch noch ein Anliegen. Hier muss man sicher sehr aufpassen, dass man nicht den Überblick verliert und dass sich vor allem unter Zeitdruck die Beratungsqualität nicht verschlechtert. Aber im Laufe der Zeit wird einem die Erfahrung schon helfen, mit der Situation gut fertig zu werden. Ich bin übrigens Ausdauersportler. Da muss man belastbar sein."

Bewertung

Die Antwort zeigt Problembewusstsein und enthält auch noch ein gutes Argument für die persönliche Qualifikation.

Hintergrundinformation: Was heißt „Belastbarkeit"?

„Belastbarkeit“ heißt, dass

- „nine-to-five“ nicht reicht und man auf überdurchschnittlich hohe physische und psychische Energiereserven zurückgreifen kann,
- man Ausdauer auch bei Aufgaben, bei denen sich eben nicht sofort die gewünschten Erfolge einstellen, hat,
- man Frust aushalten kann und dieser sich nicht gleich negativ auf die Leistungsmoral auswirkt,
- man mit beruflichen Unsicherheiten leben kann. Dieser Punkt ist sehr wichtig, denn zukünftig werden immer mehr Mitarbeiter in zeitlich begrenzten Projekten arbeiten, ohne zu wissen, wie es nach Beendigung eines Projektes weiter geht.

45. „Wie gehen Sie mit Stress um?"

Das Frageziel des Interviewers

Zu den wichtigsten fachübergreifenden Qualifikationen unserer Zeit gehört Stressresistenz. Dies hängt unter anderem mit der zunehmenden Arbeitsverdichtung und der notwendigen Mobilität und Flexibilität in der Arbeitswelt zusammen. Für viele kommt das Leben in ständiger Unsicherheit hinzu. „Was mache ich morgen?“ „Was wird aus meinem Arbeitsplatz?“ „Wann muss ich wieder aus beruflichen Gründen umziehen?“

Praxis-Beispiel

Antwort

„Ich liebe es, wenn so richtig viel los ist. Es gibt ja so eine Art von Stress, die einen beflügelt. Mir geht es jedenfalls so. Und ich denke, wichtig ist auch, dass man irgendwann abschalten kann. Und das kriege ich gut hin. Nach Feierabend treibe ich oft Sport mit Freunden oder bin sonst unterwegs. Am nächsten Tag ist dann der Kopf wieder frei für den Job." ◂

Bewertung

Eine schlichte und glaubwürdige Antwort.

Hintergrundinformation: Was sagen die Fachleute zum Thema Stress?

Missverständnisse zum Thema Stress

Erst einmal gibt es Übereinstimmung hinsichtlich der Feststellung, dass im öffentlichen Sprachgebrauch und Bewusstsein kaum etwas so gründlich missverstanden wird, wie das Phänomen Stress. Dabei stellte der kanadisch-ungarische Biologe Hans Selye, ehemals Direktor des Instituts für experimentelle Medizin und Chirurgie der Universität von Montreal, bereits vor Jahren fest: „Stress ist unser täglicher Begleiter. (...) Manchmal geht uns seine Anhänglichkeit auf die Nerven; dennoch verdanken wir ihm jeden persönlichen Fortschritt und erreichen durch ihn immer höhere Stufen geistiger und körperlicher Weiterentwicklung. Er ist die Würze unseres Lebens."

Als Selye im Jahre 1974 auf einem internationalen Kongress der WHO in Stockholm seine biologischen und medizinischen Befunde zum Stress-Syndrom vorstellte, gab es freilich nicht nur Zustimmung. So wurden zum Beispiel vor dem Kongressgebäude Handzettel verteilt, auf denen zu lesen stand, dass sein Konzept eine kapitalistische Erfindung sei, die vor allem bezwecke, die Arbeiter zu größeren Leistungen anzuspornen. Man erinnere sich: In jenen Jahren galt die Bereitschaft zur Leistung manchen als unanständig. Den Protagonisten dieser Haltung mochte es gar nicht gefallen, dass ein anerkannter Wissenschaftler die psychohygienische Bedeutung der Arbeit schlüssig belegte und aufgrund seiner Ausdrucksweise auch außerhalb des Elfenbeinturms verstanden wurde.

Leistungspotenziale nutzen hält gesund

„Die Natur", so Selye, „hat uns von jeher ermöglicht, von ihren großen Vorräten alles zu nehmen, was wir brauchen. Sie erlaubt uns jedoch nicht, jahrelang zu behalten, was wir nicht benutzen; Zellen, die unser Körper nicht ausnützt, entzieht sie ihm." Das „Brachliegen" des menschlichen Leistungspotenzials – so der Biologe – macht auf Dauer seelisch und körperlich krank.

46. „Was machen Sie in Ihrer Freizeit am liebsten?"

Das Frageziel des Interviewers

Viele Bewerber verzichten darauf, Hobbys oder privaten Interessen im tabellarischen Lebenslauf anzugeben. Oft hört man als Begründung, dies sei nicht mehr üblich. Aber es geht bei Bewerbungen nicht darum, was gerade üblich oder zeitgemäß ist, sondern es geht um Informationen, die für eine faire und sachgerechte Personalentscheidung hilfreich sein könnten. Und da sind die privaten Aspekte einer Person nicht unwichtig. Niemand gibt als Arbeitnehmer beim Betreten der Firma seine persönlichen Interessen, Hoffnungen und Sehnsüchte beim Pförtner ab. Ein begeisterter Bogenschütze bleibt auch an seinem Arbeitsplatz ein begeisterter Bogenschütze und wenn er Kollegen hat, die dieses Hobby mit ihm teilen – um so besser für alle. Viele Unternehmen fördern deshalb aus guten Gründen gemeinsame Freizeitaktivitäten.

Und natürlich sagt die Art der Freizeitgestaltung etwas darüber aus, wie sich jemand regeneriert beziehungsweise neue Energiequellen erschließt. Vorsichtige Rückschlüsse auf die Persönlichkeit sind auch möglich, wenn jemand die Freizeit gemeinsam mit anderen gestaltet oder lieber für sich allein bleibt. Orchestermusik oder Solist am Piano? Das ist gewiss auch eine Frage der Mentalität.

Praxis-Beispiel

Antwort A

„Lesen."

Bewertung

Es ist schon überaus erstaunlich, wie viele Bewerber auf die nachfassende Frage „Was denn?“ zu dieser Antwort mit „Alles mögliche“ oder „Bücher“ reagieren.

Praxis-Beispiel

Antwort B

„Wie Sie meinen Unterlagen sicher entnommen haben, fahre ich gern Ski. Der Kampf mit dem Hang und seinen Unebenheiten ist schon eine tolle Herausforderdung und hält einen körperlich und im Kopf fit."

Bewertung

Kommt natürlich bei Skifahrern besonders gut an.

Mit dem Hobby punkten

Experten-Tipp

Es kann nicht schaden, die persönlichen Hobbys im Lebenslauf aufzuführen. Wenn Sie Mineralien sammeln und regelmäßig in Idar-Oberstein mit dem Hämmerchen unterwegs sind und sich bei jemandem bewerben, der dies auch tut, sind Sie so gut wie eingestellt.

Grundsätzlich bietet das Hobby einen Ansatzpunkt für Gesprächsthemen, die sich eher um die Privatperson des Bewerbers drehen. Aber der Mannschaftssportler ist im Zweifelsfall auch im Betrieb ein guter Teamplayer.

47. „Wie wichtig sind für Sie Äußerlichkeiten?"

Das Frageziel des Interviewers

Eine Zeit lang war es üblich, die Frage nach dem Äußeren und den Äußerlichkeiten auf die Alternativen „Sein oder Design" zuzuspitzen. Ein Zusammenhang zwischen innen und außen wurde geleugnet. Wer gedankenschwer durchs Leben ging, musste um der Authentizität willen eher beliebig gekleidet sein, und wer modisch auf der Höhe der Zeit war, konnte nicht auch noch etwas zu sagen haben. Inzwischen hält man sich aber wieder an Oskar Wilde und seinen Befund: „Nur oberflächliche Leute urteilen nicht nach dem Aussehen." Es geht um die werbliche Optik eines Unternehmens, die auch die Mitarbeiter mehr oder weniger zu repräsentieren haben.

Antwort A

Praxis-Beispiel

„Die sind für mich unwichtig. Entscheidend ist der Charakter eines Menschen. Der schöne Schein täuscht doch allzu oft. Für mich zählen die inneren Werte."

Bewertung

Das mag ja manchmal so sein, ist aber naiv.

Antwort B

Praxis-Beispiel

„Na ja – ob es einem nun gefällt oder nicht – der erste Eindruck spielt in vielen Situationen eine entscheidende Rolle. Und der kommt ja durch Äußerlichkeiten zustande. Die Kleidung, das Auftreten, die Umgangsformen – das alles ist schon wichtig. Natürlich muss man versuchen, sich selbst treu zu bleiben. Ich mache deshalb nicht jede Mode mit – aber grundsätzlich kann es nicht falsch sein, sich in ein günstiges Licht zu setzen. Also – ich meine schon, dass Äußerlichkeiten wichtig für den Erfolg sind."

Bewertung

Die meisten Unternehmen geben sich aus guten Gründen sehr viel Mühe, Kunden auch optisch anzusprechen und zu überzeugen. Da die Mitarbeiter mehr oder weniger mit ihrem Betrieb identifiziert werden, gilt das auch für deren Outfit und Verhalten.

Experten-Tipp

Äußeres und Äußerlichkeiten

Die Frage „Wie wichtig sind für Sie Äußerlichkeiten?" kann sich auch auf das „Outfit" des Bewerbers beziehen, der den „Dresscode" des einladenden Unternehmens falsch eingeschätzt hat. Bei einem renommierten schwedischen Unternehmen erscheinen die Interviewpartner im uniformen Arbeitsdress, was so manchen Bewerber in seinem dunklen Anzug in Verlegenheit bringen kann.

Nicht selten zielt die Frage auch auf die Bedeutung ab, die ein Bewerber Statussymbolen wie Marke des Dienstwagens, Büroausstattung und anderen Privilegien (Parkplatz!) beimisst. Hier gilt es aufzupassen, dass man nicht in die falsche Optik gerät.

48. „Welche Vorbilder haben Sie?"

Das Frageziel des Interviewers

Verhaltensmuster übernehmen

„Lernen am Modell" heißt das Prinzip, nach dem wir uns von frühester Kindheit an die Sprache und grundsätzliche Verhaltensmuster aneignen. Und weil dieses Prinzip so wirksam ist, sorgen sich Eltern sehr, wenn ihre Sprösslinge in eine vermeintliche oder tatsächliche „schlechte Gesellschaft" geraten. Immerhin könnten sie sich etwas Falsches „abschauen".
Nenne mir deine Vorbilder und ich kann mir ein besseres Bild von dir machen! Darum geht es im Vorstellungsinterview bei dieser Frage.

Antwort

„Meine Großmutter pflegte immer zu sagen: ‚Von nichts kommt nichts.' Das habe ich mir gemerkt und das habe ich im Leben immer zu beherzigen versucht. Man muss sich engagieren, man muss mitdenken und man muss sich immer wieder etwas einfallen lassen, wenn man am Ende auch Ergebnisse sehen möchte."

Bewertung

Wer die alten Großmutter-Regeln beherzigt, der fährt im Leben oft gar nicht so schlecht.

Vorbild gefällig?

Nein – Leitfiguren und Leitideen muss man sich erarbeiten. Irgendwann bemerkt man eine gewisse Seelenverwandtschaft und hat dann auf einmal ein Vorbild, das einem Orientierung und Halt gibt.

Eine sehr schöne und ewig aktuelle Leitidee zum Thema Motivation und Leistungsfreude stammt von Antoine de Saint-Exupéry: „Wenn du ein Schiff bauen willst, dann trommle nicht Männer zusammen, um Holz zu beschaffen, Aufgaben zu vergeben und Arbeiten einzuteilen, sondern lehre sie die Sehnsucht nach dem weiten, endlosen Meer."

49. „Welche Schlüsselqualifikationen werden in Zukunft am wichtigsten sein?"

Das Frageziel des Interviewers

Umwegfrage zu Stärken und Schwächen

Eine Umwegfrage wird gern gestellt, wenn es nicht viel bringt, das Frageziel direkt anzusteuern. Typischerweise gilt dies zum Beispiel für die Frage nach den Schwächen.

Bei der Frage nach den Schlüsselqualifikationen, die in Zukunft wichtig sein werden, wird erwartet, dass der Bewerber eher jene benennt, die er für sich beanspruchen kann, und jene weglässt, die er als Schwachstelle in eigener Sache empfindet.

Praxis-Beispiel

Antwort

„Flexibilität – denn man muss sich immer schneller auf neue Anforderungen einstellen können. Dann Mobilität – im zukünftigen globalen Dorf kann man nicht auf der Scholle kleben. Und Belastbarkeit – denn der Wettbewerbsdruck wird mit Sicherheit steigen, wenn man zum Beispiel an China denkt. Nun, und wenn ich an die hier besprochene Aufgabe als Key Account denke: Kommunikationsfähigkeit ist und bleibt unverzichtbar." ◂

Bewertung

Klasse Antwort. Jedes angeführte „Soft Skill" ist begründet und dann hat der Bewerber auch noch die Kurve zum Job gekriegt, um den es geht.

Hintergrundinformation: „Schlüsselqualifikationen im 21. Jahrhundert"

Ranking zum Thema

Die Studie „Schlüsselqualifikationen im 21. Jahrhundert" (www.sq21.de) bietet aus Sicht der Unternehmen das folgende Ranking an:

- Kommunikationskompetenz
- Engagement
- Analytisches Denken
- Belastbarkeit
- Teamfähigkeit
- Zielorientierung
- Konfliktfähigkeit
- Begeisterungsfähigkeit
- Kreativität
- Verlässlichkeit

Fragen zu Unebenheiten im Werdegang

50. „Warum haben Sie Ihre Ausbildung abgebrochen?"

Das Frageziel des Interviewers

Fehler bei der Berufsfindung?

Wer eine Ausbildung ohne Abschluss beendet hat, trägt dies bei aller seelischer Robustheit meist eine gewisse Zeit als Makel mit sich durchs Leben. Immerhin hat man ja auf dem Gebiet der Berufsfindung einen Fehler gemacht beziehungsweise in den Niederungen des Ausbildungsalltags nicht durchgehalten.

Die Lebenspraxis hält hier Tröstliches bereit, denn sie zeigt, dass mancher spätere Erfolg erst durch ein Scheitern möglich wurde. Aber nur dann, wenn man aus dem persönlichen Versagen etwas gelernt und Konsequenzen gezogen hat. Das gilt es bei einem Bewerber mit einschlägigen Lücken im Lebenslauf herauszufinden.

Praxis-Beispiel

Antwort A

„Ich habe mir nach dem Abitur gedacht, dass eine Ausbildung vor dem Studium die späteren Berufschancen deutlich verbessert. Deshalb habe ich mich ja zu einer Berufsausbildung entschlossen, weil man da ja auch erste Berufserfahrungen sammeln kann. Aber nach einem Jahr habe ich mit dem Niveau der Ausbildung Probleme bekommen. Ich wurde überwiegend zu Routinetätigkeiten herangezogen und auch sonst war der intellektuelle Anspruch an die Azubis eher bescheiden. Eigentlich wurden wir Azubis ständig ausgenutzt und eine Zusage für die spätere Übernahme wollte man uns auch nicht geben."

Bewertung

Nein – diese Begründung ist nicht sonderlich glücklich, weil auch im späteren Berufsleben Routineaufgaben zu erledigen sein werden. Und es ist immer riskant, wenn man den Eindruck erweckt, sich für bestimmte Aufgaben zu schade zu fühlen.

Praxis-Beispiel

Antwort B

„Das war eine totale Fehlentscheidung. Ich hätte die Ausbildung durchziehen sollen. Heute bereue ich das natürlich, aber eins habe ich gelernt – man darf niemals voreilig aufgeben."

Bewertung

Ein klares Bekenntnis zur persönlichen Verantwortung für das eigene Schicksal. Und das Gute am Schlechten erkannt und benannt – dass man manchmal einen langen Atem haben sollte. Solche Leute werden gebraucht.

Hintergrundinformation: nicht abgeschlossene Ausbildung

Gründe für den Abbruch

Man mache sich nichts vor – eine abgeschlossene Ausbildung ist besser als eine abgebrochene Ausbildung. Dennoch wird bundesweit jeder sechste Ausbildungsvertrag wieder gelöst – die Hälfte davon bereits im ersten Ausbildungsjahr. Wer seine Ausbildung – aus welchen Gründen auch immer – nicht zu Ende gebracht hat, muss mit einschlägigen Fragen rechnen. Die Personalexperten kennen die folgenden Gründe, warum Auszubildende aufgeben:

- Der Auszubildende hat die Anforderungen falsch eingeschätzt und ist deshalb überfordert beziehungsweise unterfordert.
- Der Auszubildende hatte zum Zeitpunkt der Entscheidung eine völlig falsche Vorstellung von der Ausbildung und hat sie deshalb abgebrochen.
- Der Auszubildende hat seine beruflichen Ziele neu definiert – eventuell durch ein Schlüsselerlebnis beziehungsweise neue Informationen – und sich deshalb für einen anderen zukünftigen Weg entschieden.
- Der Auszubildende hat aufgrund seiner schlechten Leistungsmotivation aufgehört.
- Der Auszubildende hat im Betrieb beziehungsweise in seiner Altersgruppe seinen Platz nicht gefunden und geriet dadurch in eine frustrierende Außenseiterrolle.
- Der Auszubildende wurde überwiegend zur Verrichtung ausbildungsfremder Tätigkeiten herangezogen.
- Der Auszubildende bekam gesundheitliche Probleme (Allergie etc.), die es ratsam erscheinen ließen, die Ausbildung nicht fortzusetzen.

Hinzu kommen noch jene unglücklichen Fälle, bei denen der Ausbildungsbetrieb in Konkurs gegangen ist.

51. „Warum haben Sie Ihr Studium abgebrochen?"

Das Frageziel des Interviewers

Haltung zu eigenen Fehlern

Auch hier geht es darum, ob der Bewerber für die Begründung seiner kleineren oder größeren Niederlagen eher die Umstände bemüht oder sich selbst als Teil des Problems erkennt und benennt. In dieser Haltung unterscheiden sich Menschen ganz erheblich. Da sind die einen, die alles auf sich beziehen und reumütig Asche auf ihr Haupt streuen und da sind andere, die von einer persönlichen Verantwortung nichts wissen wollen. Gesucht werden Mitarbeiter, die ICH sagen – auch und gerade wenn etwas schief gelaufen ist.

Und natürlich möchte der Interviewer noch herausbekommen, ob der Bewerber das Scheitern an der Universität als Makel und seelischen Ballast weiter mit sich herum schleppt oder einen klaren Schlussstrich gezogen hat und nach vorn schaut.

Praxis-Beispiel

Antwort A

„Aus finanziellen Gründen – meine Eltern waren nicht mehr bereit, mich zu unterstützen. Und eine staatliche Förderung habe ich nicht bekommen. Ich musste regelmäßig jobben und das ließ sich mit dem Studium nicht vereinbaren."

Bewertung

Diese Begründung gilt es zu vergessen.

Praxis-Beispiel

Antwort B

„Acht Semester Maschinenbau – ich weiß – es ist nicht berauschend, ohne Abschluss auszusteigen. Ich hätte mich früher für den Abbruch entscheiden müssen. Es fiel mir leider schwer, mir einzugestehen, dass ich mich für das falsche Fach entschieden hatte. Mathematik, Physik, Mechanik – das ist nicht mein Ding. Dabei sind wir ja ein Land, das in Sachen Export vom Maschinenbau lebt – aber die Konstruktion ist nicht meine Welt. Was ich toll finde, ist die kaufmännische Seite der Technik. Da sehe ich meine Zukunft."

Bewertung

Was war bei dieser Antwort gut?

- Der Bewerber hat seine Fehlentscheidung eingestanden und selbstkritisch begründet!
- Der Bewerber hat den Studiengang (an dem er gescheitert ist) nicht klein geredet!
- Der Bewerber hat für sich eine neue Perspektive aufgezeigt!

Hintergrundinformation: vorzeitiges Ende

Faktor Berufsaussichten

Jeder vierte Studierende gibt auf – Tendenz steigend. In manchen Fachbereichen sind es sogar zwischen 60 und 80 Prozent, die den Campus ohne Abschluss verlassen. Interessant ist, dass die Abbruchquote niedrig ist, wenn das Studium straff organisiert ist, Inhalte und Ziele transparent sind und wenn die Berufsaussichten als erfreulich wahrgenommen werden.

52. „Warum haben Sie Ihr Studienfach gewechselt?"

Das Frageziel des Interviewers

Vier Semester Tiermedizin und dann BWL – solche Kursänderungen sind erklärungsbedürftig. Wie kam es zur Fehlentscheidung hinsichtlich des Studienfaches? Was hat der Bewerber aus der Fehlentscheidung für sich gelernt? War der Wechsel zum absolvierten Studiengang eine wirklich gute Entscheidung oder nur eine Notlösung?

Praxis-Beispiel

Antwort A

„Nach einigen Semestern habe ich festgestellt, dass es in Deutschland eine unsinnig hohe Tierarztdichte gibt und damit die wirtschaftlichen Aussichten überhaupt nicht rosig sind. Deshalb habe ich dann schleunigst umgesattelt."

Bewertung

Die Antwort ist schlecht. Erster Vorwurf: Die Berufsaussichten verschlechtern sich innerhalb von zwei Jahren nicht radikal. Mit den Marktchancen eines Studienabschlusses sollte man sich bereits zu Beginn des Studiums beschäftigen. Zweiter Vorwurf: Wer sich bei der Entscheidung für ein Studienfach überwiegend von den Karriere- und Einkommenschancen leiten lässt, provoziert die Frage, ob er wirklich auch mit dem Herzen bei der Sache ist. Dritter Vorwurf: Der Bewerber hat Angst vor dem Wettbewerb.

Praxis-Beispiel

Antwort B

„Ich stamme aus einer Juristenfamilie. Schon in der Schule hieß es: ‚Du wirst einmal ein erfolgreicher Rechtsanwalt.' Das Jurastudium war nach dem Abi so gut wie selbstverständlich und ich habe leider dem Druck meiner Eltern und Verwandten nachgegeben. Dabei habe ich mich schon in der Schule mehr für Naturwissenschaften interessiert. Nach drei Semestern habe ich dann meinen Eltern reinen Wein eingeschenkt und erklärt, dass es mit dem Rechtsanwalt nichts wird. Natürlich waren sie maßlos enttäuscht – ich war aber sehr froh, nun ein Fach zu studieren, dass meinen Neigungen entsprach."

Bewertung

Schwarzer Peter für die Eltern

Hier bekommen die Eltern den schwarzen Peter zugeschoben – leider aber oft nicht zu unrecht. Natürlich gibt es Eltern, die eine klare Vorstellung hinsichtlich der beruflichen Entwicklung ihres Nachwuchses haben und die sich leider mit dessen Präferenzen nicht in Einklang bringen lassen. Mal ist eine Arztpraxis zu übernehmen, mal der Familienbetrieb zu führen. Und vor vermeintlich „brotlosen Künsten" wird allemal gewarnt. „Wie bitte? Politische Wissenschaften willst Du studieren?"

53. „Warum haben Sie so lange studiert?"

Das Frageziel des Interviewers

Die Studiendauer korreliert positiv mit den Marktchancen eines Absolventen. Wer sich ohne erkennbaren Nutzen zu lange an einer Hochschule auf-

gehalten hat, muss die entsprechenden Argumente für die lange Verweildauer nachliefern – falls er überhaupt die Chance dazu erhält. Natürlich gibt es eine.
Letztlich geht es bei dieser Frage um persönliche Schlüsselqualifikationen wie Zielstrebigkeit, Leistungsmotivation und die Fähigkeit, Prioritäten richtig zu setzen.

Praxis-Beispiel

Antwort A

„Ich musste nebenbei jobben, um mein Studium zu finanzieren. Dann hatte ich noch einen Sportunfall – eine Schädigung des Kreuzbandes –, das hat mich auch viel Zeit gekostet. Ja – und dann wollte ich mich zum Examen anmelden – musste mich wegen eines Pflegefalls aber um die Familie kümmern." ◂

Bewertung

Ja – das kann alles so gewesen sein. Argwöhnisch macht nur die Vielzahl der Gründe für ein langes Studium. Es ist immer besser, einen halbwegs nachvollziehbaren Grund zu nennen, statt – um vermeintlich auf Nummer sicher zu gehen – noch mehrmals nachzulegen. Diese Taktik signalisiert meist ein Glaubwürdigkeitsproblem.

Praxis-Beispiel

Antwort B

„Sie haben meinen Unterlagen ja entnommen, dass ich zwei Semester in Frankreich studiert habe – die mir sehr viel gebracht haben. Als ich dann zurückkam, habe ich doch nicht so schnell wie erhofft den Anschluss gefunden. Die meisten Inhalte in Frankreich waren nicht prüfungsrelevant, aber das war für mich auch sonst während des Studiums nicht entscheidend. Mich haben von Anfang an immer mehr die Inhalte interessiert. Und dafür habe ich mir die nötige Zeit genommen." ◂

Bewertung

Das ist es. 13 sinnvoll genutzte Semester können für einen zukünftigen Arbeitgeber wertvoller sein, als ein im Schnellverfahren durchgezogenes Studium.

Praxis-Beispiel

Antwort C

„Sie haben es ja gelesen: Nach drei Semestern habe ich mein Studienfach gewechselt, weil ich mich falsch entschieden hatte. Dann bin ich im Rahmen eines Praktikums an eine Firma geraten, die mir einen Job im Call-Center anbot. Und da habe ich mich an das Geld gewöhnt und leider mehr gejobbt als studiert. So verging die Zeit. Heute würde ich – rückblickend – die Akzente anders setzen. Andererseits war die Tätigkeit im Call-Center für mich eine wichtige Erfahrung. Das war manchmal ganz schön hart, aber dennoch habe ich mich erfolgreich durchgebissen."

Bewertung

Die Jobberei und das damit verbundene Einkommen gehört zu den wesentlichen Ursachen für eine lange Studiendauer. Vielen fällt es schwer, den erlangten Lebensstandard zugunsten eines zügigen Studiums wieder aufzugeben. Das ist nachvollziehbar und – bei entsprechender Qualifikation – auch verzeihbar.

Hintergrundinformation: Wovon hängt die Studiendauer ab?

Verweildauer an den Unis

Im internationalen Vergleich ist die Verweildauer an den deutschen Hochschulen und Universitäten zu lang. Zurzeit verbringen Studierende an Universitäten durchschnittlich vierzehn und an Fachhochschulen zwölf Semester. Welche Faktoren beeinflussen nun die Studiendauer?

- Individuelle Faktoren: Ein entscheidender Punkt ist die finanzielle Situation der Studierenden – also der Wunsch beziehungsweise die Notwendigkeit, Geld zu verdienen. Vor allem bei weiblichen Studierenden spielt bisweilen die Kindererziehung eine wichtige Rolle.
- Gesamtwirtschaftliche Faktoren: Die Lage auf dem Arbeitsmarkt kann sich studienverlängernd oder studienverkürzend auswirken. Wer miese Aussichten befürchtet, neigt im Zweifelsfall dazu, den Abschluss hinauszuzögern beziehungsweise ein Zusatzstudium anzuhängen.
- Institutionelle Faktoren: Studienverlängernd beziehungsweise studienverkürzend wirken sich die Anzahl der Studierenden in einem Fachbereich, die Verfügbarkeit von Lehrpersonal, die Studienpläne und die Prüfungsorganisation aus. Nicht zu unterschätzen sind in diesem Zusammenhang die Ausstattung eines Fachbereichs und das Betreuungs- und Beratungsangebot für die Studierenden.

54. „Warum haben Sie nicht im Ausland studiert?"

Das Frageziel des Interviewers

Bei den meisten Studienfächern ist es fast selbstverständlich, eine Station im Ausland einzulegen, vor allem bei Naturwissenschaften, Wirtschaftswissenschaften und bestimmten geistes- und sozialwissenschaftlichen Fächer. Der Nutzen eines Auslandsaufenthalts wird nicht nur in den Inhalten gesehen, die man sich dort aneignen konnte, sondern in der Entwicklung von Schlüsselqualifikationen wie Flexibilität, Mobilität, Anpassungsfähigkeit und interkultureller Kompetenz. Wer während der Studienzeit immer in der Heimat geblieben ist, könnte nach den Gründen gefragt werden. Wenn nicht, ist es geschickt, das Thema von sich aus anzusprechen, im Raum steht es sowieso.

Antwort A

„Heute bereue ich das – aber ich konnte es mir einfach nicht leisten."

Bewertung

Wenn der Interviewer fragt, bei welchen Institutionen man sich um ein Stipendium bemüht habe, steckt man eventuell mächtig in Schwierigkeiten.

Antwort B

„Ich hatte unter meinen Kommilitonen einige sehr gute ausländische Freunde, die mich mehrmals in den Semesterferien in ihre Heimat eingeladen haben. Diverse Male war ich in den USA und besonders häufig in Warschau. Durch die weiteren persönlichen Kontakte, die sich dann vor Ort entwickelten, habe ich mich jedenfalls nie als Tourist gefühlt. Rückblickend sage ich mir jetzt natürlich, dass ein längeres Praktikum im Ausland oder zwei Semester an einer Universität schon gut gewesen wären. Aber ich habe auch so eine Menge gesehen."

Bewertung

Der Bewerber hat gut die Kurve gekriegt. Der Hinweis auf die persönliche internationalen Kontakte ist geschickt und das Eingeständnis, eine Chance nicht genutzt zu haben, wirkt authentisch und selbstkritisch.

55. „Warum wollen Sie Ihr Unternehmen bereits während der Probezeit verlassen?"

Das Frageziel des Interviewers

Ob Einstellungsinterview, Psychotests oder Assessment-Center – das beste eignungsdiagnostische Verfahren ist die Probezeit. In dieser Zeitspanne des Miteinander können alle Beteiligten am besten klären, ob sie zueinander passen und ob die Aufgabe mit dem Leistungsprofil des neuen Mitarbeiters übereinstimmt.
Wenn nun ein Bewerber bei seinem letzten Arbeitgeber von sich aus innerhalb der Probezeit gekündigt hat, möchte man natürlich als potenziell neuer Arbeitgeber gern die Gründe erfahren.

Antwort A

„Offen gesagt – man hat da ein übles Mobbing gegen mich veranstaltet. Und das wollte ich mir nicht länger antun."

Praxis-Beispiel

Bewertung

In den 90er Jahren des vergangenen Jahrhunderts wurde der Begriff „Mobbing“ mit großem Erfolg in Deutschland eingeführt. Der Siegeszug dieser Vokabel hängt damit zusammen, dass sie klar zwischen Tätern und Opfern unterscheidet: Auf der einen Seite gibt es einen bedauernswerten Menschen, der „gemobbt“ wird, auf der anderen Seite fiese Kollegen und Vorgesetzte mit sadistischen Zügen. Früher gab es im deutschen Sprachraum keinen Begriff, mit dem man sich reinwaschen konnte, wenn man in der Firma ständig Ärger hatte. Streichen Sie das Wort „Mobbing“ aus Ihrem Sprachschatz, wenn Sie in ein Vorstellungsgespräch gehen.

Antwort B

Praxis-Beispiel

„Ich habe zunehmend gemerkt, dass ich mich leider für die falsche Aufgabe entschieden habe. Am Anfang schien alles zu stimmen – vor allem kam und komme ich mit den Kollegen ausgezeichnet zurecht und mit meinem Vorgesetzten stimmt die Chemie auch. Aber ich sitze einfach im falschen Zug und möchte deshalb schnellstmöglich umsteigen. Natürlich könnte ich bei Ablauf der Probezeit so tun, als sei alles in Butter – aber damit ist das Problem ja nicht gelöst. Ich habe mich bei meiner Entscheidung seinerzeit zu sehr von den Umfeldbedingungen beeinflussen lassen und zu wenig nach den Inhalten gefragt. Das passiert mir nicht noch einmal."

Bewertung

Das Gesagte bedarf keiner weiteren Erläuterung. Akzeptiert!

Hintergrundinformation: Kündigung während der Probezeit

Gründe für Entlassung

Personaler kennen die folgenden Gründe:

- Der Bewerber hat die Aufgabe falsch eingeschätzt und fühlt sich unter- oder überfordert.
- Der Bewerber hat das soziale Umfeld falsch eingeschätzt – er kommt mit den Kollegen beziehungsweise seinem Vorgesetzten nicht klar.
- Der Bewerber hat die Arbeitsbedingungen sowie die besonderen Erschwernisse wie häufige Reisen und Abwesenheitszeiten nicht richtig eingeschätzt.
- Der Bewerber ahnt, dass er die Probezeit nicht überstehen wird beziehungsweise wurde ihm dies bereits signalisiert.

56. „Warum wurden Sie nach der Probezeit nicht übernommen?"

Das Frageziel des Interviewers

Verhalten des Mitarbeiters

Eine Kündigung kann durch betriebliche Maßnahmen notwendig werden oder auch durch das Verhalten des Mitarbeiters selbst verschuldet sein. Letzteres interessiert den Interviewer natürlich ganz besonders. Ist der Arbeitsplatz des Bewerbers innerhalb der Probezeit aufgrund einer nicht vorhersehbaren Restrukturierung weggefallen oder ist der Mitarbeiter aufgrund von Leistungs- beziehungsweise Verhaltensdefiziten beizeiten verabschiedet worden?

Antwort A

„Ich habe mit meinem Vorgesetzten damals ein ausführliches Gespräch geführt und wir waren uns einig geworden, dass es für mich eine meinen Ambitionen entsprechende Perspektive nicht gab. Ich wollte unter diesen Bedingungen dann auch nicht mehr bleiben, denn was hat ein Betrieb von einem Mitarbeiter, der seine Zukunft langfristig ja doch woanders sieht. Wir haben uns dann im besten Einvernehmen getrennt."

Bewertung

Hört sich vielleicht ganz gut an – doch das reicht nicht. Die Frage nach den weiteren Entwicklungsmöglichkeiten wird oft viel zu früh gestellt – während der Probezeit ist sie jedenfalls noch gar nicht angesagt. Wie lautet der großartige Rat von Alfred Herrhausen, dem von der RAF 1989 ermordeten Sprecher der Deutschen Bank? Man solle als Einsteiger zunächst einmal fragen „Was kann ich tun?" und nicht „Was kann ich werden?".

Im Übrigen ist die Einlassung des Bewerbers, er könne sich dem Betrieb nicht länger zumuten, da er ja doch auf dem Sprung sei, entweder naiv oder unglaubwürdig – wahrscheinlich beides.

Antwort B

„Den wahren Grund habe ich möglicherweise nicht erfahren – aber ich glaube, dass mein Chef sich einfach einen anderen Assistenten vorgestellt hat und dass ihm dies in der Probezeit immer deutlicher geworden ist. Als Assistent arbeitet man ja mit seinem Vorgesetzten sehr eng zusammen – oft geht das weit in den Abend hinein – und da haben wir uns wohl im Vorstellungsinterview falsch eingeschätzt.

Ein Konfliktpunkt ist mir allerdings schon bewusst. Ich muss sehr viele Protokolle auf Sitzungen und Meetings schreiben und da ist er mit mir eigentlich nie so recht zufrieden. Die Aufgabe liegt mir aber zugegebenermaßen auch nicht sonderlich. Ich finde es natürlich schade, dass die Sache ein Flop geworden ist, aber nun schaue ich nach vorn."

Bewertung

Geradeheraus, selbstkritisch und nicht nachtragend!

Hintergrundinformation: Entlassung nach der Probezeit

Personalexperten kennen die folgenden Gründe:

- Arbeitsverweigerung
- Grobe Beleidigung
- Mehrfach zu spät gekommen
- Büromaterial für private Zwecke genutzt
- Mehrfach trotz Verbot am Arbeitsplatz geraucht
- Persönlichkeit des neuen Mitarbeiters falsch eingeschätzt
- Leistungsverhalten beziehungsweise -bereitschaft falsch eingeschätzt
- Leistungsfähigkeit falsch beurteilt
- Teamfähigkeit falsch eingeschätzt

Experten-Tipp

Mögliche Ursachen für die Kündigung erkennen und benennen

Während der Probezeit kann seitens des Arbeitgebers ohne Angabe von Gründen gekündigt werden. Als Betroffener ist man jedoch gut beraten, die entscheidenden Gründe herauszufinden, um im Vorstellungsinterview einige benennen zu können, die die Chancen auf eine Anstellung nicht gleich auf Null bringen.

Die meisten Bewerber führen Gründe an, die das persönliche Scheitern anderen in die Schuhe schieben. Und darauf reagiert jeder Personalbeschaffer allergisch. Was sagte einmal ein Bewerber auf die Frage, warum bereits nach sechs Monaten als Sachbearbeiter Export Schluss war? „Ich konnte die Unternehmenspolitik nicht verantworten."

57. „Warum suchen Sie schon so lange nach einer Anstellung?"

Das Frageziel des Interviewers

Zeitspanne nach Abschluss

Wer einen neuen Job sucht, muss aufpassen, dass ihm oder ihr nicht die Zeit davon läuft. Denn natürlich machen sich die Personalbeschaffer ihren Reim darauf, wenn jemand noch Monate nach dem Examen oder einem Auflösungsvertrag auf der Suche nach einer Anstellung ist. Die Zeitspanne muss nicht automatisch gegen den Bewerber sprechen, ruft aber oft doch

Zweifel am Marktwert hervor. Dabei spricht grundsätzlich nichts dagegen, wenn sich jemand nach dem Examen oder nach einer beruflichen Zäsur eine Auszeit nimmt. Die Begründung muss nur glaubwürdig sein.

Praxis-Beispiel

Antwort A

„Nach dem Examen war ich über die Organisation ‚Work and Travel' mehrere Monate in Australien. Sie haben das ja in meinem tabellarischen Lebenslauf gelesen. Ich konnte da tolle Erfahrungen sammeln. Nach meiner Rückkehr musste ich dann leider feststellen, dass die Jobsuche gar nicht so einfach ist. Schließlich will ich ja nicht nur unterkommen, sondern ich suche eine Aufgabe, die meinen Neigungen und Fähigkeiten entspricht."

Bewertung

Akzeptiert!

Praxis-Beispiel

Antwort B

„Na ja – einige Mal war ich wohl bis zum Schluss im Rennen und manchmal stimmten auch die Konditionen nicht. Ich suche ja auch nicht irgendeinen Job. Ich lasse mich jedenfalls von den Umständen nicht unter Druck setzen – dann trifft man nur eine falsche Entscheidung. Dabei spielt für mich inzwischen das Gehalt nicht mehr so eine große Rolle – aber inhaltlich muss die Aufgabe stimmen."

Bewertung

Diese Argumentation ist schlüssig.

Experten-Tipp

Proaktiv handeln

Wer nach Abschluss des Examens oder nach Beendigung des letzten Arbeitsverhältnisses bereits überdurchschnittlich lange auf der Suche ist, sollte diesen Umstand möglichst von sich aus ansprechen: „Wie Sie meinen Unterlagen entnommen haben, suche ich bereits seit längerem nach einer angemessenen Aufgabe." Es ist besser, in die Offensive zu gehen, als später auf eine prekäre Frage nur noch reagieren zu können.

58. „Warum streben Sie nach Jahren der Selbstständigkeit eine Festanstellung an?"

Das Frageziel des Interviewers

Selbstständigkeit macht einen Menschen für eine Festanstellung irgendwann ungeeignet – so lautet ein gängiges (Vor)Urteil. Bisweilen ist da auch etwas dran und deshalb muss man auf diese Frage gewappnet sein. Und Vorsicht: Kompetente Interviewer versuchen die Problematik über Umwegfragen zu klären – in dem sie etwa den Bewerber über seine Haltung zur Teamarbeit befragen oder das Thema Führung und Hierarchie im Unternehmen ansprechen.

Praxis-Beispiel

Antwort

„Ich habe meinen Druckbetrieb – überwiegend Visitenkarten, Briefpapier und Copy-Shop – als Ein-Mann-Betrieb gefahren. Bei allem Engagement – sechs Tage die Woche über zehn Stunden waren normal –, ich war einfach nicht mehr wettbewerbsfähig. Zwölf Jahre habe ich das durchgehalten und natürlich war ich die ganze Zeit Einzelkämpfer. Und da habe ich mich manches Mal nach Kollegen gesehnt, mit denen man mal das eine oder andere Problem besprechen kann und mit denen man gemeinsam Ziele verfolgt und erreicht." ◂

Bewertung

Diese Einlassung lässt hoffen, dass der Bewerber seinen Platz in einem Team finden wird. Zumindest hat er die Befürchtungen seines Gesprächspartners von sich aus thematisiert und sicher auch ein wenig zerstreut.

59. „Warum haben Sie so oft den Job gewechselt?"

Das Frageziel des Interviewers

Wenig Chancen

„Jobhopper!" Dieses Urteil ist nicht schmeichelhaft und reduziert zudem die Chance, überhaupt zu einem Gespräch eingeladen zu werden. Ausnahme: die Gastronomie- und Hotelleriebranche.

Wer sich dennoch vorstellen darf, hat zweifellos einiges auf der Habenseite zu bieten – muss aber den häufigen Stellenwechsel anständig begründen. Kein Arbeitgeber möchte, dass ihm der Neuzugang kurzfristig wieder abhanden kommt.

Praxis-Beispiel

Antwort A

„Na ja – das ist ja relativ. Einmal wurde mir aus betrieblichen Gründen gekündigt. Die acht Monate in dem Vertriebsjob – da wurde der gesamte Vertrieb reorganisiert und wer zuletzt kam, musste zuerst gehen. Einmal war ich, glaub ich, nur knapp ein Jahr in der Firma. Die hatten mir da nach der Probezeit etwas in Aussicht gestellt und wollten auf einmal davon nichts mehr wissen. Ich wollte mich dann nicht länger hinhalten lassen. Ach ja – der Job nach meiner Ausbildung – irgendwie wurde ich immer noch wie ein Lehrling behandelt und da habe ich meinen Ausbildungsbetrieb recht bald verlassen."

Bewertung

Falscher Ton

Beim Start der Antwort stimmt der Ton nicht. Die erste Begründung – Reorganisation – ist völlig in Ordnung und ja meist auch anhand des Zeugnisses überprüfbar. Grundsätzlich riskant sind Begründungen wie „Die haben mir etwas versprochen", denn damit wirft man seinem früheren Arbeitgeber nichts Geringeres als Wortbruch vor. Und zur Einlassung „Die haben mich wie einen Lehrling behandelt" ist anzumerken, dass dazu immer zwei Parteien gehören – die eine, die es gegebenenfalls an Respekt fehlen lässt, und die andere, die einem solchen Verhalten nichts entgegenzusetzen vermag.

Praxis-Beispiel

Antwort B

„Mir ist klar, dass dies in meinem Werdegang eine Schwachstelle ist. Meinen ersten Job nach der Ausbildung habe ich recht früh sausen lassen, weil mir jemand ein vermeintlich unwiderstehliches Angebot gemacht hat. Im Nachhinein habe ich allerdings mit Zitronen gehandelt. Ich war schlicht blauäugig. Ja – und zweimal hätte ich wahrscheinlich einfach durchhalten müssen. Heute ist mir das völlig klar. Mir hat es wohl zu Beginn meines Berufslebens schlicht an Beharrlichkeit gefehlt. Inzwischen weiß ich, dass diese Eigenschaft ein wichtiger Erfolgsfaktor ist."

Bewertung

Bewerber, die sich in einer vergleichbaren Lage befinden, können sich an dieser Einlassung orientieren. Wenn es nichts schön zu reden gibt, soll man es gar nicht erst versuchen.

Experten-Tipp

Jobhopping im Wandel der Zeit

Vor gar nicht langer Zeit wurde Betriebstreue üppig honoriert. 25 Jahre dabei? Herzlichen Glückwunsch! Und Geschenke oder Prämien gab es obendrein. Wer sich heute nach einer 15-jährigen Betriebszugehörigkeit verändern möchte, hat auch noch selbst im Alter von erst 35 Jahren ein Problem. „Betrieblich einseitig sozialisiert!" „Immobil und unflexibel!" „Kommt garantiert ständig mit Sprüchen wie ‚In meinem alten Betrieb haben wir das aber soundso gemacht!'" „Findet sich in der anderen Unternehmenskultur nicht zurecht!"

Ein Unternehmenswechsel wird heute in einem anderen Licht gesehen und erhöht – als Resultat einer vernünftigen Berufsplanung – durchaus den eigenen Marktwert. Es gilt, den jeweiligen Nutzen einer jeden Station überzeugend herauszustellen und die Häufigkeit der Wechsel nicht zu übertreiben. ◂

60. „Was haben Sie aus Ihren bisherigen Fehlern gelernt?"

Das Frageziel des Interviewers

Hier wird im Sinne der allgemeinen Lebenserfahrung unterstellt, dass man in seinem Leben Fehler gemacht und diese nicht verdrängt hat. Den Fragesteller interessiert natürlich, wie ein Bewerber generell zu seinen Fehlern steht und inwiefern er das Gute am Schlechte benennen kann.

Praxis-Beispiel

Antwort A

„ Na ja – wir machen doch alle Fehler. Das ist doch ganz normal." ◂

Bewertung

So darf man niemals beginnen. Der Bezug zu sich selbst fehlt.

Praxis-Beispiel

Antwort B

„Früher habe ich oft sehr spontan reagiert. Nach dem Motto: Lieber eine falsche Entscheidung als gar keine Entscheidung. Damit bin ich leider ein paar Mal auf die Nase gefallen. Ich halte mich nach wie vor für entscheidungsfreudig – und das ist ja in diesem Job gefragt –, aber heute sichere ich mich doch gründlicher ab."

Bewertung

Eine gute Antwort.

Experten-Tipp

Fehlertypen kennen: System- oder Zufallsfehler?

Ein Mitarbeiter produziert immer wieder Reklamationen, weil er sich nicht an das Vier-Augen-Prinzip hält – also beispielsweise wichtige Kundenkorrespondenz nicht von anderen gegenlesen lässt. Das ist ein Beispiel für einen Systemfehler. Er wird immer wieder passieren.

Ein erfahrener Mitarbeiter nennt einem Kunden einen falschen Preis, weil er sich in der Preisliste vertan hat. Hier handelt es sich um einen Zufallsfehler.

Und was kann man aus Fehlern gelernt haben? Man kann aus Fehlern gelernt haben, dass

- man sich seine Ziele immer wieder klarmachen sollte,
- man manchmal Kompromisse machen muss,
- man nicht alles gleichzeitig tun kann, sondern Prioritäten setzen muss,
- Entscheidungen „überschlafen" sollte,
- man immer im Gesamtzusammenhang denken muss,
- man Fehler immer analysieren und aus ihnen Schlüsse für das zukünftige Verhalten ziehen sollte.

Fragen zu Führung und Zusammenarbeit

61. „Welchen Stellenwert hat Teamarbeit für Sie persönlich?"

Das Frageziel des Interviewers

Viele Bewerber loben Teamarbeit in höchsten Tönen – vor allem, wenn sie diesen Begriff im Stellenangebot gelesen haben. Damit allein trifft man aber nicht den Kern der Sache und so wird vom Bewerber erwartet, dass er sein Verständnis von Teamwork klar äußert. Im Übrigen ist zu beachten, dass ein Mitarbeiter bei aller Teamfähigkeit in der Lage sein muss, Aufgaben und Probleme auch dann zu lösen, wenn er auf sich allein gestellt ist.

Praxis-Beispiel

Antwort A

„Die größten Errungenschaften der Menschheit sind das Ergebnis von Teamarbeit, aber auch das Ergebnis einsamer Tüftler. Wenn es um die Entwicklung von Konzepten geht, arbeite ich zunächst gern allein, schätze es aber, wenn diese später im Team diskutiert werden. Da kommen dann recht unterschiedliche Blickwinkel zusammen, manche Teammitglieder haben Ideen, auf die man selbst nicht gekommen ist oder erinnern einen an etwas, was man nicht bedacht hat. Da kann Teamarbeit sehr nützlich sein."

Bewertung

In dieser Antwort sind einige Vorteile von Teamarbeit klar heraus gearbeitet. Gut ist der relativierende Start, der sich in der Tat mit den Erfahrungswerten deckt. Das Antibiotikum verdanken wir einem einsamen Forscher, der Flug zum Mond war überwiegend eine Teamleistung.

Praxis-Beispiel

Antwort B

„Ich bin eher ein Einzelkämpfer und der ist in dieser Aufgabe im Außendienst ja auch gefragt. Man muss sich selbst anschieben können und mit den alltäglichen kleinen Niederlagen gegebenenfalls allein fertig werden. Andererseits ist es für mich wichtig, meinen Platz in Ihrer Verkaufsmannschaft zu finden. Die Ergebnisse sind besser, wenn man seine berufliche Heimat gefunden hat. Deshalb bin ich überzeugt davon, dass auch für einen Verkaufsaußendienst der Teamgedanke wichtig ist."

Bewertung

Das ist sachlich richtig. Man muss zunächst innen stark sein, um nach außen stark wirken zu können. Dies gilt auch für die Außendienstler eines Unternehmens.

Experten-Tipp

Was heißt hier Team?

Wie lautet doch die – nicht ganz erst gemeinte – deutsche Übersetzung des Wortes „Team"? **T**oll **E**in **A**nderer **M**acht's!

Und was sagen die Amerikaner? **T**ogether **E**verybody **A**chieves **M**ore!

In Deutschland wird Teamwork bisweilen immer noch mit dem Aufspüren von nützlichen Idioten verwechselt („Kannst Du dies mal eben kopieren?"). „Gemeinsam erreicht jeder mehr" – diese Haltung ist gefragt und mit dieser Haltung kann man im Vorstellungsgespräch überzeugen.

62. „Woran scheitern Teams am häufigsten?"

Das Frageziel des Interviewers

Man kann nur erfolgreich in einem Team arbeiten, wenn man weiß, woran Teamwork zuweilen auch scheitert. Demonstrieren Sie deshalb das notwendige Problembewusstsein.

Praxis-Beispiel

Antwort A

„Am fehlenden Teamgeist. Ohne Teamgeist läuft gar nichts – das ist wie auf dem Fußballplatz. Wenn jeder die Primadonna gibt, geht die Mannschaft unter. Die Teammitglieder müssen ihre Egoismen unterdrücken und dann stellt sich auch der Erfolg ein."

Bewertung

Das ist ja alles richtig, aber in der Begründung ganz schwach.

Praxis-Beispiel

Antwort B

„Teams sind erfolgreich, wenn sie einen klaren Auftrag haben, hinter dem auch möglichst alle stehen, wenn einigermaßen offen und eindeutig kommuniziert wird und wenn man Konflikte nicht unter den Teppich kehrt. Das sind für mich die wichtigsten Voraussetzungen einer erfolgreich Teamarbeit. Und wenn sie nicht gegeben sind, wird ein Team bald scheitern."

Bewertung

Das ist die Antwort eines eher erfolgsorientierten Bewerbers, der erst einmal sagt, was gegebenen sein muss, damit etwas funktioniert.

Experten-Tipp

Warum Teams scheitern

Die Akademie für Führungskräfte der Wirtschaft in Bad Harzburg hat 2003 Führungskräfte zu dieser Problematik befragt. Das folgende Ranking nach der Häufigkeit der Nennungen können Sie gut für eine kompetente Antwort nutzen:

- Kommunikationsschwierigkeiten
- Unklarer Auftrag
- Keine Kultur der Zusammenarbeit
- Unausgesprochene Konflikte
- Fehlendes Vertrauen im Team
- Machtkämpfe
- Ineffektive Teamsitzungen
- Kein eindeutiger Teamleader
- Dominanz der eigenen Interessen
- Zu wenig Zeit

Formulieren Sie jeden Faktor positiv, also als Bedingung für ein erfolgreiches Team.

63. „Was tun Sie, wenn Sie sich von Ihrem Vorgesetzten ungerecht behandelt fühlen?"

Das Frageziel des Interviewers

Nicht jeder bekommt, was er verdient und nicht jeder verdient, was er bekommt. Derartige Schieflagen gibt es häufig und sie sind von jenen, die sich benachteiligt fühlen, nicht immer leicht auszuhalten. Irgendwann wird dann ein Punkt erreicht sein, an dem es gilt, darauf aufmerksam zu machen. Aber wie?

Praxis-Beispiel

Antwort

„Ich frage mich erst einmal, ob das Gefühl wirklich durch Tatsachen begründet ist. Es gibt ja auch eine ‚gefühlte Temperatur', die von der Wirklichkeit manchmal erheblich abweicht.

Wenn ich in eine derartige Lage geraten sollte, rede ich erst einmal mit Menschen, die es wirklich gut mit mir meinen – die mir also nicht nach dem Mund reden. Und dann spreche ich gegebenenfalls meinen Vorgesetzten auf die durch Fakten einigermaßen belegbare Ungerechtigkeit an."

Bewertung

Ein gutes Verfahren!

64. „Was würden Sie tun, wenn Ihr Kollege in eine Position befördert wird, für die Sie sich bestens geeignet halten?"

Das Frageziel des Interviewers

Umgang mit Niederlagen

Diese Frage zielt darauf ab, wie Sie mit Enttäuschungen und Niederlagen umgehen. Folglich gilt es, in der Antwort zu zeigen, dass Sie eine gesunde Einstellung zum Wettbewerb haben und wissen, dass Fehlschläge zu einer persönlichen und beruflichen Entwicklung gehören.

Praxis-Beispiel

Antwort

„Na ja, toll fände ich das nicht. Aber zum Leben gehören Siege und Niederlagen. Ich würde dem Kollegen zu seiner neuen Aufgabe gratulieren und ihm viel Erfolg wünschen."

Bewertung

So reagiert eine starke Persönlichkeit.

Experten-Tipp

Ein guter Verlierer sein

Resignation, Neid oder das Gefühl, ungerecht behandelt worden zu sein, sind fehl am Platz, wenn ein anderer das Rennen macht. Hier einige mögliche Antworten, die positiv aufgenommen werden:

- „Ich würde dem Kollegen gratulieren."
- „Ich würde meine bisherigen Leistungen und mein Verhalten auf eventuelle Schwachstellen überprüfen."
- „Ich würde mich auf meine Arbeit konzentrieren."
- „Falls der beförderte Kollege mein neuer Vorgesetzter ist, würde ich mich selbstverständlich konstruktiv und loyal verhalten."

Natürlich gibt es Fälle von individuellen Begünstigungen – und da muss man möglicherweise dann für sich die Konsequenzen ziehen.

65. „Was motiviert Sie?"

Das Frageziel des Interviewers

Extrinsisch oder intrinsisch?

Zur Erinnerung: In der Psychologie unterscheidet man zwischen zwei Motivationsarten – der extrinsischen und der intrinsischen Motivation. Der extrinsisch motivierte Mitarbeiter braucht die Anerkennung von Vorgesetzten und Kunden, gute Beurteilungen, Sonderzahlungen und Gehaltserhöhungen, um bei Laune gehalten zu werden. Bei der intrinsischen Motivation kommt die Leistungsbereitschaft „von innen heraus" – der Mitarbeiter ist mit dem Herzen dabei. Klar, dass sich der Interviewer für die Quellen interessiert, die den Bewerber mit Energie versorgen.

Praxis-Beispiel

Antwort A

„Für mich ist das Arbeitsumfeld wichtig – das Betriebsklima, die Kollegen. Und dann wünsche ich mir natürlich, dass meine Leistungen Anerkennung finden. Das ist ja heutzutage nicht immer selbstverständlich."

Bewertung

Leider ist der Bewerber nicht mit einem einzigen Wort auf seine Aufgabe eingegangen.

Praxis-Beispiel

Antwort B

„Wenn die Aufgabe stimmt, muss mich niemand motivieren. Nach meiner bisherigen Erfahrung würde vieles besser laufen, wenn man die Ursachen für Demotivation benennen und beseitigen würde. Zum Beispiel die oft viel zu langen und bürokratischen Informations- und Entscheidungswege – oder unklare Zuständigkeiten, die unnötige Reibereien verursachen. Ich könnte hier noch diverse Motivationsbremsen anführen, die Sie natürlich auch alle kennen."

Bewertung

Kompetent!

Hintergrundinformation: Demotivation vermeiden

Immer gleiche Muster

Führen ist vor allem das Vermeiden von Demotivation. Es sind immer dieselben Muster, die Mitarbeiter demotivieren:

- Der Chef kann und weiß immer mehr als die Mitarbeiter.
- Einsame Entscheidungen.
- Überzogene, lautstarke, unsachliche, anmaßende Kritik.
- Der Vorgesetzte zieht ein Thema in Sekundenschnelle an sich und beherrscht es
- Der Mitarbeiter wird übersehen, wie Luft behandelt.
- Der Mitarbeiter bekommt vom Vorgesetzten unzureichende, einseitige, verspätete oder lediglich auf sein unmittelbares Arbeitsgebiet reduzierte Informationen.

66. „Wodurch entstehen in einem Betrieb die größten Reibungsverluste?"

Das Frageziel des Interviewers

Wer nicht weiß, wodurch Sand ins Getriebe kommt beziehungsweise diesbezüglich falsche Vorstellungen hat, kann kaum zur Abhilfe beitragen. Im Zweifelsfall ist er dann Teil des Problems und nicht Teil der Lösung.

Praxis-Beispiel

Antwort

„Die zwischenmenschlichen Beziehungen sind nach meiner Einschätzung der wichtigste Erfolgsfaktor. Wenn eine Belegschaft mehr mit sich selbst statt mit dem Geschäftszweck des Unternehmens beschäftigt ist, können die Ergebnisse nicht gut sein."

Bewertung

Der Bewerber hat das Hauptproblem vieler Unternehmen schnörkellos angesprochen.

Experten-Tipp

Klartext

„Die Beziehungen zwischen den Menschen sind heute die größte Wachstumsbarriere. Viele sind nicht produktiv, haben innerlich gekündigt. Zu viele Ressourcen gehen durch Frust, Streit, Intrigen, Mobbing oder Rücksichtslosigkeit verloren."

Leo A. Nefiodow, Computerexperte GMD-Forschungszentrum

67. „Wie halten Sie es: Duzen oder Siezen?"

Das Frageziel des Interviewers

Distanz und Nähe

Insbesondere in der Personalverantwortung besteht eine Herausforderung darin, die Gratwanderung zwischen Distanz und Nähe zu schaffen. Wer dazu neigt, seinen Mitarbeitern zu nahe zu sein, könnte in Schwierigkeiten geraten, wenn es unangenehme Entscheidungen zu treffen gilt. Natürlich ist der Umgang mit Du oder Sie auch eine Frage der Unternehmenskultur.

Praxis-Beispiel

Antwort

„Ich finde es prima, dass man im Deutschen klar signalisieren kann, wie vertraut beziehungsweise fremd man einander ist. Ich bin da beruflich wie auch privat eher wählerisch – am schlimmsten finde ich betriebliche Verbrüderungsszenen unter Alkoholeinfluss."

Bewertung

Eine gute Antwort.

Hintergrundinformation: ungeschriebene Regeln beachten

Reinhard W., Abteilungsleiter in der Herrenmodeabteilung eines schwedischen Filialisten, wollte das von seinem Arbeitgeber verordnete „Du" nicht hinnehmen und versuchte, vor Gericht sein „Sie" wiederzuerlangen. Er verlor über zwei Instanzen. Firmentradition und -philosophie, so die Richter, hätten Vorrang vor den Launen der Angestellten.
In Deutschland haben wir hinsichtlich der Umgangsformen eine eigene Tradition und deshalb wird vor allem von Berufseinsteigern immer wieder gefragt: „Du" oder „Sie"? Wie hält man es am besten mit der Anrede?
Wer sich zu einem Du verführen oder gar überrumpeln lässt, das er von Herzen eigentlich gar nicht will, setzt jene unwillkürlich herab, die ihm tatsächlich emotional näher stehen und denen er dies mit der persönlichen Anrede auch zeigen möchte. Deshalb sei allen Ein-, Auf- und Umsteigern empfohlen, sich zunächst lieber in Zurückhaltung zu üben und zu beobachten, welche ungeschriebenen Regeln es hinsichtlich des Duzens im neuen Betrieb gibt.

Experten-Tipp

Du oder Sie?

- Wer einem Höherrangigen das Du anbietet, beweist seine soziale Inkompetenz. Unmöglich!
- Das „Duzen" auf gleicher Ebene geht in Ordnung, wenn es im Unternehmen üblich ist oder man jemanden besonders sympathisch findet.

- Führungskräfte sollten sich besser nicht mit einigen Mitarbeitern „duzen" und mit anderen „siezen". Dabei kann es aufgrund der gemeinsamen Biografie Ausnahmen geben, aber das sollte man dann auch offen den anderen erklären.
- Man muss sich immer die Option offen halten, ein angebotenes „Du" abzulehnen. Ein leichtfertig akzeptiertes „Du" bringt mehr Probleme, als der freundliche Hinweis, man möge es doch beim „Sie" belassen.
- Wenn einem jemand das Du anbietet, der hierarchisch über einem steht, wäre es unklug, dies abzulehnen.

Wird das Duzen selbstverständlich?

Möglicherweise wird das Duzen in Deutschland im Zuge der Globalisierung und der Einführung von Englisch als Unternehmenssprache irgendwann selbstverständlich sein. Bis dahin aber kann jeder durch den sensiblen Umgang mit den beiden Anredeformen seine soziale Intelligenz unter Beweis stellen. Das „Hamburger Du" nimmt diese Entwicklung im Übrigen ja längst vorweg: Vorname plus Sie – das ist die feine Art, Respekt und Nähe auszudrücken.

Fragen zur Methodenkompetenz

68. „Was verstehen Sie unter einem professionellen Projektmanagement?"

Das Frageziel des Interviewers

Diese Frage wird gestellt, wenn die zu besetzende Position mit viel Projektarbeit verbunden ist. Da jeder von sich behaupten kann, bereits an einem Projekt mitgewirkt zu haben – zum Beispiel als Organisator einer Klassenreise – wird dem Bewerber mit dieser Frage fachlich auf den Zahn gefühlt.

Antwort

Praxis-Beispiel

„Als Projektverantwortlicher muss man zunächst die folgenden Fragen klären: Was ist das Projektziel? Welche Ressourcen wie Zeit, Geld und Personal stehen zur Verfügung? Wie ist der Zeitplan – welche Projektphasen gibt es und wo liegt die Deadline? Ich muss ständig die kritischen Faktoren Zeit, Qualität und Kosten im Auge haben. Dazu gehört eine Menge Erfahrung."

Bewertung

Der Bewerber weiß, wovon er spricht.

Was ist ein Projekt?

Experten-Tipp

Ein Projekt hat ein definiertes Ziel, ist mit Ressourcen ausgestattet, unterliegt einem Zeitplan (begrenzt) und hat klaren Qualitätsstandards zu genügen. Die kritischen Faktoren eines Projekts sind die Deadline, die Qualitätsstandards, das Budget und natürlich das Projektteam.

Bei dieser Gelegenheit sei noch einmal die Frage aufgeworfen, wie wohl die Arbeitswelt zukünftig aussehen wird? Die Antwort: darwinistischer und projektorientierter. Es lohnt sich also, die entsprechende Methodenkompetenz zu entwickeln.

Professionelles Projektmanagement

- Die kritischen Faktoren des Projekts definieren.
- Strukturplan zur Aufschlüsselung der Deliverables: Was muss geliefert oder produziert werden?
- Strukturplan zur Aufschlüsselung der Arbeitsschritte/Aufgaben: Was muss getan werden, damit die Deliverables zur Verfügung stehen?
- Die Meilensteine (Checkpoints) zur Kontrolle des Fortschritts festlegen.
- Einen Abhängigkeitsnetzplan erstellen.
- Das ganze Projekt in Charts sinnvoll abbilden.

69. „Warum scheitern Projekte?"

Das Frageziel des Interviewers

Schwachstellen, die einem bewusst sind, können einem weniger schaden. Es geht also um das einschlägige Problembewusstsein, an dem zu erkennen ist, ob ein Bewerber vom Thema überhaupt Ahnung hat.

Antwort

„Besonders problematisch sind jene Fehler, die bereits in der Planungsphase gemacht werden – zum Beispiel bei der Spezifikation des Projekts – bei der Festlegung des Projektumfangs – und bei der Festlegung der Projektrollen. Wer ist Projektmanager? Welche Fachkompetenzen braucht man im Projektteam? Oft wird die benötigte Zeit falsch eingeschätzt beziehungsweise der Projektverantwortliche akzeptiert in vorauseilendem Gehorsam Zeitvorgaben, die völlig unrealistisch sind."

Bewertung

Eine kenntnisreiche Antwort.

Wer soll Projektmanager sein?

Der ideale Projektmanager ist kein Spezialist, sondern eher ein Generalist. Das liegt daran, dass sich Spezialisten im Zweifelsfall in Fachfragen zu sehr einmischen und ihre Managementaufgabe wie Teambildung, Teamsteuerung, Moderation von Besprechungen und Konfliktvorbeugung beziehungsweise Konfliktregulierung vergessen.

70. „Wie lässt sich die Effizienz von Meetings erhöhen?"

Das Frageziel des Interviewers

Besprechungen als Zeitfresser

Besprechungen sind in deutschen Betrieben die größten Zeitfresser. Nicht selten stehen sie im Dienst der Eitelkeit und Selbstinszenierung. Frei nach der Devise: „Es ist zwar schon alles gesagt – aber noch nicht von mir." Da ist es natürlich interessant, was ein Bewerber dem entgegenzusetzen hat.

Praxis-Beispiel

Antwort

„Man muss immer wissen, worüber man gerade redet, sonst entsteht Chaos. Geht es um Ziele? Geht es um Inhalte? Oder geht es um die Beziehungen untereinander? Die Beziehungen sind natürlich ein hochsensibles Thema, das manchmal explosive Konfliktstoffe berührt. Ein Moderator muss dafür sorgen, dass hier nicht alles durcheinander geht. Und natürlich muss er dafür sorgen, dass die Ziele der Besprechung allen klar sind und im Eifer des Gefechts nicht aus dem Blick geraten. Und Spielregeln sind wichtig. Andere ausreden lassen, ein verbindlicher Ton – Vielredner darf man ruhig mal ausbremsen und die zurückhaltenden Teilnehmer motivieren. Die Gretchenfrage lautet: Ist das, was wir jetzt gerade besprechen, zielführend oder nicht? Das ist der Maßstab."

Bewertung

An den Kernpunkten dieser Aussage kann man sich durchaus orientieren, wenn man eine Besprechung zu leiten hat.

Experten-Tipp

Diese Fragen sind vor einem Meeting zu klären

- Muss das überhaupt sein?
- Wer kommt?
- Wohin geht's?

- Worum geht's?
- Alle Hausaufgaben gemacht?
- Zeitrahmen klar?
- Wer macht's?
- Wofür brauchen wir wie lange?
- Alles verstanden?

71. „Was halten Sie von der Balanced Scorecard?"

Das Frageziel des Interviewers

Wie bitte? Keine Sorge – man muss als Bewerber nicht grundsätzlich wissen, was es mit der Balanced Scorecard auf sich hat. Das hängt davon ab, um welche Aufgabe und Position man sich bewirbt. Von einem Betriebswirt werden hier schon eher präzise Auskünfte erwartet. Natürlich geht es bei dieser Frage auch darum, wie sich ein Bewerber verhält, wenn er von einem Thema keine Ahnung hat.

Antwort A

„Diesen Begriff habe ich noch nie gehört. Tut mir Leid – ich habe keine Ahnung."

Bewertung

Im Zweifelsfall werden Mitarbeiter gesucht, die zu ihren Defiziten stehen und diese nicht mit viel Worten zu kaschieren versuchen. Wenn allerdings ein bestimmtes Fachwissen gebraucht wird, kommt man mit dieser Antwort nicht durch.

Antwort B

„Kenne ich. Ich finde, das ist ein ganz wichtiges Instrument. In der modernen Unternehmenssteuerung ist es heute kaum wegzudenken. Es hilft einem, die Schwerpunkte richtig zu setzen – also die Prioritäten. Das ist ungemein wichtig, sonst betreibt man Aktionismus. So werden nur Ressourcen vergeudet."

Bewertung

„Ob so oder so, im Falle es könnte oder es ist, die erklärlicherweise in Anbetracht oder vielmehr, warum es so gekommen sein kann oder muss, so ist kurz gesagt kein Beweis vorhanden, dass es selbstverständlich erscheint."
Karl Valentin, bayrischer Humorist

Hintergrundinformation: Was ist „Balanced Scorecard"?

Cockpit für Manager

Die Balanced Scorecard gilt als Cockpit für Manager – sie liefert Daten zur wirkungsvollen Steuerung beziehungsweise Kursbestimmung von Unternehmen. Die Grundidee besteht darin, nicht nur die finanziellen, sondern auch die nichtfinanziellen Größen (zum Beispiel Kundenbindung, Qualifikation der Mitarbeiter, Prozessstabilität in der Fertigung etc.) bei der Beurteilung der Unternehmensperformance zu berücksichtigen. In der Regel sind diese nichtfinanziellen Größen die eigentlichen Erfolgsquellen für eine Firma.
Konkret wird das Zielsystem eines Unternehmens unter verschiedenen Perspektiven aufgefächert – etwa Finanzen, Kunden, Mitarbeiter, Prozesse und Organisation. Dann werden zu jeder Perspektive Ziele definiert und Kennzahlen festgelegt, mit deren Hilfe man jederzeit feststellen kann, wo man steht. Beispiel Perspektive „Mitarbeiter": Als Ziel ist die Erhöhung der Mitarbeiteridentifikation definiert und als Kennzahlen dienen die Fehlzeitenquote und die durchschnittliche Zahl der Verbesserungsvorschläge je Mitarbeiter.

72. „Wie bekommen Sie Zeitprobleme in den Griff?"

Das Frageziel des Interviewers

Gerecht verteilte Ressource

Zeit ist die einzige unter Menschen absolut gerecht verteilte Ressource: Für alle Menschen dieser Welt hat der Tag 24 Stunden. Trotzdem stehen vor allem viele Führungskräfte vor dem Problem eines enormen Zeitmangels, was bei einem ständig steigenden Wettbewerbs- und Effizienzdruck auch kein Wunder ist. Und so ist es denn von Interesse, wie ein Bewerber mit einem unserer kostbarsten Güter umgeht.

Antwort

„Man muss versuchen, sich vernünftig zu organisieren. Wenn ich mir morgens mein Arbeitspensum anschaue, frage ich mich: Was ist jetzt wichtig und was ist weniger wichtig? Und weiter: Was ist eilig und was hat noch Zeit? Wenn man alles stur der Reihe nach abarbeitet – also ohne Prioritäten zu setzen – wird man nie fertig. Und als Vorgesetzter muss man natürlich delegieren können. Die Haltung ‚alles über meinen Tisch' führt zu einer gigantischen Zeitvergeudung. Eine große Zeitersparnis bietet übrigens oft auch der Papierkorb."

Bewertung

Das ist die Grundlage eines vernünftigen Zeitmanagements.

Fürs Zeitmanagement: das Eisenhower-Prinzip

Nehmen wir als Ausgangspunkt den Autofahrer, der sich wegen eines Zeitvorteils von zehn Minuten den Hals bricht. Die posthume Frage lautet: War die Sache wichtig oder dringlich? Die richtige Antwort auf diese grundsätzliche Frage des Zeitmanagements ist zuweilen existenzentscheidend.

Die Kenntnis und Beherzigung des Eisenhower-Prinzips könnte viele Manager vor Herzanfällen und Schlimmeren schützen. Doch was hat es damit auf sich? Wie bereits angedeutet, sortiert man Aufgaben nach zwei Kriterien:

- Wichtig oder unwichtig?
- Eilig oder nicht eilig?

Mit dieser Vorgehensweise gelangt man zu vier Aufgabentypen:

- Aufgaben, die wichtig und eilig sind
- Aufgaben, die wichtig, aber nicht eilig sind
- Aufgaben, die weniger wichtig, aber eilig sind
- Aufgaben, die weniger wichtig und nicht eilig sind

Dwight D. Eisenhower ist mit diesen Gruppen folgendermaßen umgegangen:

- Unwichtig und nicht eilig: Papierkorb
- Weniger wichtig und eilig: delegieren
- Wichtig, aber nicht eilig: in die Zeitplanung aufnehmen
- Wichtig und eilig: sofort anpacken

Das Eisenhower-Prinzip ist einfach und eine praktikable Grundlage für erfolgreiches Handeln.

73. „Was verstehen Sie unter Change Management?"

Das Frageziel des Interviewers

Zukunft gestalten

Das Ziel aller Veränderungsprozesse ist, die Wettbewerbsvorteile der Zukunft zu gestalten. Da jede Veränderung impliziert, vorhandene Strukturen und Abläufe zu zerstören, hat der Wandel viele Feinde. Die einen kämpfen um Besitzstände, andere empfinden Neues als Angriff auf ihr Selbstbewusstsein („War das denn alles so schlecht, was wir früher gemacht haben?") und manche gehen auf Tauchstation („Mal sehen, wann die nächste Sau durchs Dorf getrieben wird!"). Da heutzutage nichts beständiger als der Wandel ist, sollte man als Bewerber zum Thema „Change" einen Standpunkt haben.

Praxis-Beispiel

Antwort

„Es wird niemals der Zeitpunkt kommen, an dem man in einem Betrieb sagen kann: ‚Das ist so, so kann es bleiben!' Die Märkte ändern sich, die Kundenbedürfnisse auch und neue Technologien und Möglichkeiten tragen ebenfalls dazu bei, dass nichts bleibt, wie es ist. Wie heißt es noch? Wer nicht mit der Zeit geht, geht mit der Zeit! Deshalb ist es wichtig, dass ein Unternehmen seine Strukturen und Prozesse regelmäßig überprüft und entwickelt – und die betroffenen Mitarbeiter auf dem Weg in die Zukunft mitnimmt. Dazu muss man die typischen Abwehrmechanismen kennen, die Notwendigkeit von Veränderungen glaubhaft kommunizieren und auch die Verweigerer einbinden." ◂

Bewertung

Sachkundig!

Hintergrundwissen: Warum der Wandel so viele Feinde hat

- Furcht vor dem Neuen und Fremden (Neophobie)
- Umlernen beziehungsweise Umdenken ist schwerer als Neulernen
- Angriff auf das Selbstwertgefühl, Entwertung von Wissen und Fertigkeiten
- Besitzstandswahrung

Die Hauptaufgabe von Change Managern besteht darin, „mentale Zentralverriegelungen" zu öffnen.

Fragen an Führungs(nachwuchs)kräfte

74. „Welche Eigenschaften hat der ideale Vorgesetzte?"

Das Frageziel des Interviewers

Mit Büchern über die Frage nach dem idealen Vorgesetzten lassen sich ganze Bibliotheken füllen. Die bisher endgültige Antwort gibt der streitbare Schweizer Management-Experte Fredmund Malik: „Der ideale Manager wäre eine Kreuzung aus Alexander dem Großen, Albert Einstein und Thomas Gottschalk." Insbesondere bei Führungsnachwuchskräften wollen die Personalentscheider mit dieser Frage herauszufinden, ob und welche Vorstellungen diese von einem zeitgemäßen Führungsverhalten haben.

Antwort A

Praxis-Beispiel

„Er ist berechenbar. Ich möchte als Mitarbeiter wissen, woran ich bei meinem Chef bin und als Vorgesetzter sollen meine Mitarbeiter wissen, woran sie bei mir sind. Nur so kann Vertrauen wachsen – eine wichtige Voraussetzung für Identifikation, Leistungsfreude und gute Ergebnisse."

Bewertung

Die Eigenschaft, berechenbar zu sein, wird selten angeführt und doch ist sie eine der wichtigsten Grundlagen für geschäftliche und private Partnerschaften. Eine knappe, aber sehr gute Antwort.

Antwort B

Praxis-Beispiel

„Er sagt, was er denkt, und tut, was er sagt. Das wäre das Ideal, an dem sich die Praxis des Führungsalltags orientieren könnte."

Bewertung

Idealistisch, aber durchaus erstrebenswert.

Praxis-Beispiel

Antwort C

„Der ideale Vorgesetzte denkt und handelt mitarbeiter- und ergebnisorientiert. Er oder sie ist entscheidungsstark, versucht die Mitarbeiter zu gewinnen und hat keine Angst vor unangenehmen Entscheidungen."

Bewertung

Auch das ist ein gutes Statement zum Thema.

Hintergrundinformation: Wer ist der ideale Vorgesetzte?

Inoffiziellen, dafür aber glaubwürdigen Befragungen zufolge ist der ideale Vorgesetzte jemand, der sich häufig auf Dienstreisen befindet. Das klingt ganz logisch, denn für diese Zeit muss er delegieren und seinen Mitarbeitern ernsthaft Verantwortung übertragen. Was aber macht die Anwesenheit von Vorgesetzten für den Betrieb und die Mitarbeiter wertvoll? Anhand der folgenden Checkliste können Sie diverse Eigenschaften eines idealen Vorgesetzten überdenken und persönliche Prioritäten festlegen. Wer als Bewerber den ersten Schritt in Richtung Führungsaufgabe machen möchte, ist dann besser vorbereitet, falls das Thema vertieft wird.

Checkliste

Eigenschaft	Wichtig	Weniger wichtig
Informationsverhalten		
Umgang mit Lob und Anerkennung		
Umgang mit Kritik		
Delegationsbereitschaft		
Fairness bei Beurteilungen		
Analysevermögen		
Durchsetzungsvermögen		
Vertrauensbereitschaft		
Führungskompetenz		
Teamfähigkeit		
Organisationstalent		
Unterstützung bei Schwierigkeiten		
Ziele konkretisieren		
Offenheit		

CD-ROM

75. „Wie konnten Sie Ihre Führungskompetenz bisher unter Beweis stellen?"

Das Frageziel des Interviewers

Die hier zu erörternde Frage richtet sich vorrangig an Nachwuchskräfte, die ihre erste Linienverantwortung anstreben. Im Zweifelsfall haben diese Bewerber natürlich längst die einschlägige Managementliteratur gelesen – im Vorstellungsinterview wird dieses Thema aber sehr pragmatisch angegangen.

Praxis-Beispiel

Antwort A

„Diese Aufgabe wäre ja für mich zugleich der erste Schritt in die Personalverantwortung. Aber ich habe mich schon seit langem gut darauf vorbereitet. Besonders aufschlussreich fand ich hier das neueste Buch von Jack Welch mit dem Titel ‚Winning'. Als Vorgesetzter muss man Grundsätze haben, nach denen man seine Mitarbeiter führen will. Für mich ist es zum Beispiel wichtig, niemals den Vorgesetzten herauszukehren, sondern die Mitarbeiter zu gewinnen. Ich bin sicher – das bekomme ich hin."

Bewertung

Die Frage nach der Führungskompetenz zielt nicht darauf ab, welche Bücher man gelesen hat. Thema verfehlt!

Praxis-Beispiel

Antwort B

„Ich glaube, das wird ein gewisses Problem sein – plötzlich auf der anderen Seite des Schreibtisches zu sitzen. Man muss dann ja bestimmte Aufgaben an Mitarbeiter abgeben – möglicherweise auch solche Dinge, die man immer besonders gern selbst wahrgenommen hat.

Führungskompetenz? Nun – ich habe immer gern Verantwortung übernommen – als Klassensprecher und später als Sprecher der Auszubildenden. Und da musste ich dann schon andere überzeugen, manchmal auch Konflikte regulieren und die Interessen der Gemeinschaft vertreten. Ich denke, da war ich recht erfolgreich und habe auch so etwas wie Sozialkompetenz entwickeln können. Der Schritt zum Gruppenleiter macht für mich schon den besonderen Reiz dieser Position aus."

Bewertung

Der Bewerber zeigt zunächst ein gutes Problembewusstsein, in dem er den Wechsel der Schreibtischseite anspricht. Und dann steht er bezüglich der Frage auch nicht mit leeren Händen da, sondern bringt Beispiele aus seinem Lebenslauf, die in die richtige Richtung weisen.

Experten-Tipp

Zeitgemäße Mitarbeiterführung – was könnte das heißen?

„Ziehen ist besser als schieben", dieser Grundsatz der Mechanik gilt auch für Manager. Wer es schafft, Mitarbeiter für sich und die Unternehmensziele zu gewinnen, hat beste Voraussetzungen, um als Führungskraft erfolgreich zu sein.

76. „Welche Instrumente der Personalführung nutzen Sie?"

Das Frageziel des Interviewers

Man kann intuitiv führen oder moderne Instrumente der Mitarbeiterführung anwenden. Es gibt Manager, die sich an der ersten Variante orientieren, und andere, die ihren Führungsjob streng kopfgesteuert angehen. Wird diese Frage gestellt, sollte man seinen Gesprächspartner bereits einigermaßen hinsichtlich seines eigenen Führungsverhaltens eingeschätzt und etwas über die Führungs- und Unternehmenskultur in Erfahrung gebracht haben.

Praxis-Beispiel

Antwort

„Das wichtigste Führungsinstrument ist für mich die Information der Mitarbeiter. Mitarbeiter zu Mitwissern machen – das ist ein ganz wichtiges Führungsziel. Natürlich führe ich durch Anerkennung, wenn mir Mitarbeiter dafür einen Grund geben – und wenn es sein muss, auch durch Kritik. Als Vorgesetzter hat man die Aufgabe, Mitarbeiter mit ihren Arbeitsergebnissen und mit ihrem Verhalten zu konfrontieren und Defizite gegebenenfalls zu monieren.

Ein Mal im Jahr führe ich Beurteilungsgespräche, denn meine Mitarbeiter sollen wissen, wie sie von mir gesehen werden und wo sie stehen. Und – wo immer ich kann, versuche ich, Aufgaben zu delegieren. Das ist meiner Meinung nach die beste Methode, Mitarbeiter zu motivieren und zu fördern."

Bewertung

Diese sachlich kompetente Antwort ist zeitlos und angenehm – der Bewerber versucht sich nicht mit den gängigen Vokabeln der zeitgenössischen Führungsliteratur zu profilieren.

Hintergrundinformation: Instrumente der Personalführung

Ranking der Instrumente

Nach einer Umfrage der Akademie für Führungskräfte in Bad Harzburg stehen bei Führungskräften die folgenden „Instrumente der Personalführung" besonders hoch im Kurs:

- Jahresgespräch mit dem Mitarbeiter
- Teamsitzungen
- Zielvereinbarungen mit dem Mitarbeiter
- Stellenbeschreibungen
- Finanzielle Incentives
- Schriftliche Mitarbeiterbeurteilungen

77. „Wie wichtig ist es für Sie als Führungskraft, einen breiten Konsens herzustellen?"

Das Frageziel des Interviewers

Konsens heißt, etwas „gemeinsam im Sinn" haben. Die Sprache als Lehrmeister der Psychologie spricht also eine klare Empfehlung für die Führungskräfte aus: Konsensorientierung sei der Maßstab der Führungskunst. Aber Vorsicht! Was sich gut anhört, muss für ein Unternehmen noch lange nicht immer gut sein. Kajo Neukirchen – Top-Manager unter anderem bei KHD und der Metallgesellschaft (MG) – vertritt den folgenden Standpunkt: „Wenn Sie die Zustimmung aller Beteiligten haben wollen, werden Sie nie etwas umsetzen können."

Antwort A

Praxis-Beispiel

„Konsens herstellen – das ist für mich das Wichtigste im Führungsalltag. Es müssen alle an einem Strang ziehen – dann kommt auch etwas dabei heraus. Schließlich sitzen wir ja auch alle in einem Boot. Das ist es, was ich meinen Mitarbeitern immer wieder deutlich mache."

Bewertung

Das ist leider recht abgedroschen. Und ein wichtiger Punkt fehlt völlig: Was soll geschehen, wenn die Beschwörung des Bildes vom gemeinsamen Boot bei einigen auf taube Ohren trifft?

Antwort B

„Mein Führungsgrundsatz lautet: ‚Ziehen ist besser als schieben.' Ich versuche meine Mitarbeiter für die Ziele meines Verantwortungsbereichs zu gewinnen. Und das setzt Überzeugungsarbeit voraus – kostet aber auch Zeit. Man kann deshalb nicht so lange diskutieren, bis sich der letzte Bedenkenträger bequemt, auch mitzumachen. Irgendwann muss entschieden werden. Und vor allem dazu braucht man ja Führungskräfte." ◂

Bewertung

In dieser Antwort sind zwei wichtige Aufgaben von Führungskräften angesprochen – Teams einheitlich ausrichten und Entscheidungen treffen. Gut!

Was heißt Konsens-Management?

- Übereinkünfte herstellen
- Einschließen statt ausschließen
- Umsetzen statt durchsetzen

Das kostet freilich Zeit, doch wer sie nicht rechtzeitig zu investieren bereit ist, muss später allemal nachinvestieren: in Jammereien und Reparaturen, weil eine Aktion ohne Zustimmung der Beteiligten einfach weniger optimal läuft. ◂

78. „Was verstehen Sie unter einem professionellen Konfliktmanagement?"

Das Frageziel des Interviewers

Konflikte sind eine Grundbedingung des Lebens und deshalb gehört die Fähigkeit, Konflikte rechzeitig zu erkennen und zu regulieren zu den wichtigsten Führungsaufgaben. Hier kann man sich mit einer angemessenen Antwort vor allem als Neuling für eine Führungsaufgabe empfehlen.

Praxis-Beispiel

Antwort

„Konflikte sind grundsätzlich nicht immer vermeidbar, manchmal sind sie sogar wünschenswert. Wenn die Dinge eskalieren, weiß man, wo die Gegensätze sind und wer wo steht – und das ist besser, als wenn alles unter den Teppich gekehrt wird.

Dennoch müssen viele Konflikte nicht sein. Man kann als Vorgesetzter Konflikten vorbeugen – zum Beispiel durch Information. Oder indem man seine Mitarbeiter in Entscheidungsprozesse mit einbezieht. Bei zwischenmenschlichen Konflikten spiele ich auf Wunsch den Moderator, hüte mich vor einer vorschnellen Parteinahme und entscheide dann aber – wenn nötig – im Interesse der Betriebsergebnisse."

Bewertung

So sollte es sein!

Experten-Tipp

Was kann einen Konflikt verursachen?

Viele Konfliktursachen sind in der Persönlichkeit der handelnden Personen zu lokalisieren, wie etwa:

- Profilierungszwang
- Selbstüberschätzung
- Eitelkeit
- Verletzlichkeit
- Mangelnde Selbstkritik
- Mangelndes Einfühlungsvermögen etc.

Organisationsbedingte Konfliktursachen sind:

- Unklare Zuständigkeiten
- Schlechte Kommunikation/Information
- „Kästchendenken"
- Führungsstil
- Unternehmenskultur

79. „Was tun Sie, wenn ein Mitarbeiter nicht die Leistung bringt, die Sie von ihm erwarten?"

Das Frageziel des Interviewers

Die zentrale Frage beziehungsweise Aufgabe jeder Führungskraft lautet: Wie bekomme ich die ganze Arbeitskraft meiner Mitarbeiter? Zielorientiert und ergebnisverpflichtet. Das muss in der Antwort angesprochen werden.

Praxis-Beispiel

Antwort A

„Ich würde zunächst einmal Ursachenforschung betreiben. Liegen innerbetriebliche oder außerbetriebliche Gründe vor? Zu den innerbetrieblichen Gründen würde ich mir unter anderem die folgenden Fragen stellen: Ist der Mitarbeiter überhaupt richtig eingesetzt? Wurde er hinreichend gefördert und gefordert? Hat er seinen Platz im Team gefunden? Natürlich können auch private Dinge die Leistungsfähigkeit beeinträchtigen wie zum Beispiel familiäre Krisen oder persönliche Schicksalsschläge. Hier ist gegebenenfalls auch die Fürsorgepflicht des Unternehmens gefragt." ◂

Bewertung

Nicht schlecht, aber zu wenig. Der Bewerber redet nur von Ursachenforschung, aber nicht von Abhilfe.

Praxis-Beispiel

Antwort B

„Wenn die Defizite oder Unterlassungen klar auf der Hand liegen, würde ich den Mitarbeiter damit unverblümt konfrontieren. Ich würde mit ihm die Ursachen für den Leistungsabfall ergründen und nach gemeinsamen Lösungen suchen. Am Ende das Gespräches müsste ein Verbleib stehen. Ich würde dem Mitarbeiter im Rahmen der betrieblichen Möglichkeiten auch noch meine Unterstützung anbieten – würde aber je nach Schwere des Falles mit ihm auch über denkbare Konsequenzen sprechen." ◂

Bewertung

Diese Antwort ist besser, weil der Bewerber klare Maßnahmen benennt.

Fordern als Aufgabe

Experten-Tipp

- Die Führungskraft hat das Recht, klare Forderungen zu stellen, Vereinbarungen zu treffen und diese zu kontrollieren.
- Die Führungskraft hat das Recht, auf Einhaltung von Vereinbarungen und Arbeitsverträgen zu bestehen sowie Leistung auf der Grundlage definierter Ziele zu verlangen.
- Die Führungskraft hat das Recht und auch die Pflicht, bei Nichteinhaltung von Absprachen den Mitarbeiter offen damit zu konfrontieren und zu kritisieren.
- Die Führungskraft hat das Recht, Konsequenzen in die Wege zu leiten.
- Eine Führungskraft hat die Aufgabe, nachzuforschen, wieso die vereinbarte Leistung nicht erbracht wurde (und sich dabei selbst als möglicherweise leistungsbehindernder Faktor in Rechnung zu stellen).

Wie soll sich Führung sonst legitimieren?

80. „Welche Managementtheorie oder welchen Rat für Manager halten Sie für besonders hilfreich?"

Das Frageziel des Interviewers

Orientierung an Vorbildern

Die Lehrmeinungen hierüber gehen auseinander. Was gestern lautstark verkündet wurde, gilt heute überhaupt nicht mehr und was heute propagiert wird, muss leider auch nicht stimmen. Dennoch muss man als Vorgesetzter eine Idee vom idealen Managementprozess haben – und im Zweifelsfall ist es hilfreich, wenn man sich an Vorbildern orientieren kann.

Antwort A

Praxis-Beispiel

„Ich orientiere mich an dem Schweizer Managementlehrer Fredmund Malik. Seine Idee der unternehmerisch geführten Betriebe finde ich absolut überzeugend."

Bewertung

Okay! Wenn man als Bewerber an einen Fan von Malik geraten ist – wunderbar – wenn nicht, hat man weniger gute Karten.

Praxis-Beispiel

Antwort B

„Ich habe nichts gegen Theorien und Ratschläge – aber ich passe genau auf, dass ich nicht irgendeiner Mode mit begrenzter Haltbarkeit hinterher laufe. Ein wichtiger Grundsatz ist für mich, dass Kompetenz und Haftung zusammengehören – und der stammt von Hermann Josef Abs, dem legendären früheren Sprecher der Deutschen Bank. Man kann ein Unternehmen nur erfolgreich führen, wenn man immer weiß, wer was macht und wer wofür verantwortlich ist. Darauf achte ich sehr – insbesondere bei Teamarbeit."

Bewertung

Diese Antwort ist zeitlos gültig.

Experten-Tipp

Führung im Wandel der Zeit

Selbstverständlich ändern sich über die Zeit die Anforderungen an Führungskräfte. Früher hieß es „Diesen Hügel nehmen" und alle rannten los, ohne darüber nachzudenken. Heute fragen mitdenkende Mitarbeiter „Warum sollen wir diesen Hügel nehmen?" – und das sind meist nicht die schlechtesten.

81. „Welchen Führungsstil favorisieren Sie?"

Das Frageziel des Interviewers

Autorität? Sozial-integrativ? Oder „laisser-faire"? Der autoritäre Führungsstil ist angeblich längst out und der „Laisser-faire-Stil" ist nur etwas für Softies, die von ihren Mitarbeitern geliebt werden wollen. Vorsicht! Diese Frage zielt bisweilen auf ideologische Prägungen und Vorbelastungen des Bewerbers ab. Wie steht man generell zu der Aufgabe, anderen zu sagen, wo es lang geht oder gar zu zeigen, wo der Hammer hängt? Manche äußern sich da eher verschämt, andere verraten unterschwellige Machtgelüste.

Praxis-Beispiel

Antwort A

„Ich kenne die diversen Führungsstile, über die immer wieder diskutiert wird. Die entscheidende Frage ist, mit wem ich es zu tun habe. Mitarbeiter auf einer Baustelle müssen anders geführt werden als Mitarbeiter einer Werbeagentur. Das hat nichts mit Statuts oder Standesdünkel zu tun, sondern damit, dass die Leute anders gestrickt sind. Ich frage mich folglich immer zuerst: Mit wem habe ich es zu tun? Und wie muss ich folglich die Leute anfassen, um die vorgegebenen Ziele zu ereichen?"

Bewertung

Mit dieser Antwort gerät man nicht unter Ideologieverdacht.

Antwort B

„Für mich ist wichtig, dass die Mitarbeiter zufrieden sind. Zufriedene Mitarbeiter bringen gute Leistungen und fühlen sich dem Unternehmen verbunden."

Praxis-Beispiel

Bewertung

Das ist wohl zu kurz gedacht. Mit zufriedenen Mitarbeitern kann man Konkurs gehen. Das Ziel eines Unternehmens kann niemals darin bestehen, zufriedene Angestellte, sondern zufriedene und treue Kunden zu haben. Im Übrigen fehlt die Auskunft über den Führungsstil.

Menschenkenntnis als Erfolgsfaktor im Führungsprozess

Margaret Thatcher hat einmal sinngemäß angemerkt: Man kann nicht von einem falschen Menschenbild ausgehen und dann auch noch erfolgreich sein wollen. Das gilt auch für den Führungsprozess.

Experten-Tipp

82. „Was halten Sie von Shareholder-Value als Maßstab für gute Unternehmensführung?"

Das Frageziel des Interviewers

1986 erschien das berühmte Buch des amerikanischen Finanzprofessors Alfred Rappaport mit der Theorie, dass nur Shareholder-Value ein Maßstab für gute Unternehmensführung sei. Fünf Jahre später war diese Philosophie auch in Deutschland angekommen. Als besonders überzeugter Verfechter gab sich der damalige Daimler-Benz-Chef Jürgen Schrempp („Mr. Shareholder-Value"), indem er die Steigerung des Börsenwerts als oberstes Prinzip der Unternehmensführung verkündete. Aber was gestern galt, muss heute nicht mehr richtig sein. Und wer sich als Führungskraft bewirbt, sollte zumindest die Entwicklung dieser Leitidee mitbekommen haben und eine Meinung haben.

Praxis-Beispiel

Antwort

„Kein Zweifel – Unternehmen sind dazu da, Werte zu maximieren. Wenn sich allerdings alles unternehmerische Handeln ausschließlich an den Eigentümer-Interessen ausrichtet, kann ein Betrieb schnell die den Erfolg überhaupt erst generierenden Faktoren aus den Augen verlieren. Man muss also auch die Interessen der Mitarbeiter, Kunden und Lieferanten berücksichtigen – andernfalls entsteht irgendwann eine fatale Schieflage."

Bewertung

Nach der Ernüchterung im Jahre 2000 hat das Shareholder-Value-Denken einen erhebliche Dämpfer bekommen und ist in seiner früheren Absolutheit nicht mehr haltbar. Der Bewerber hat mit seiner Antwort eine sachkundige Position bezogen.

Experten-Tipp

Wie lassen sich Werte schaffen?

Werte schafft, wer

- die Marktstellung des Unternehmens entwickelt,
- die Innovationskraft stärkt,
- die Produktivität verbessert,
- die Attraktivität des Unternehmens als Arbeitgeber erhöht,
- für steten Cashflow und
- Liquidität sorgt.

Unter diesen Bedingungen stellt sich dann meist auch ein angemessener Börsenwert ein.

83. „Was wollen Sie mit einem Job, der Sie mit weit über 50 Wochenstunden auffrisst? Sie haben doch Familie und Kinder."

Das Frageziel des Interviewers

Es wird anscheinend immer schwerer, die richtige Balance zwischen der Arbeit und dem Privatleben zu finden. Mancher Top-Manager fragt sich irgendwann: „Soll das wirklich alles gewesen sein?" Dies gilt zwar weniger aber eben doch zunehmend auch für Frauen.

Leben ist mehr als Arbeit

Kann das Leben sehr viel mehr als Arbeit sein – angesichts des permanent steigenden Wettbewerbs- und Veränderungsdrucks? Wie weit funktioniert der Job als Sinnstifter und Quelle der persönlichen Zufriedenheit? Wer Beruf und Privatleben dauerhaft nicht in Einklang zu bringen vermag, lebt bald im tiefsten Unfrieden mit sich selbst – und meist auch mit den Menschen in seiner Umgebung.

Praxis-Beispiel

Antwort

„Arbeit war für mich immer – jedenfalls dann, wenn ich sie als sinnvoll erlebt habe – der Mittelpunkt meines Lebens. Und eine hohe Arbeitsbelastung hat mich noch nie gestört – da laufe ich meist erst zur Hochform auf. Seit ich eine Familie und Kinder habe, habe ich vor allem gelernt, mich besser zu organisieren. Und auch wenn nicht viel Zeit für das Privatleben bleibt – entscheidend ist doch immer, was man aus dieser Zeit macht.

Im Übrigen unterstützt mich meine Frau voll und ganz in meinem Job. Und das mit dem ‚auffressen' sehe ich nicht so: Wer sich mit seiner Arbeit identifiziert, hat auch genug Power, diese gut zu erledigen – und nach Feierabend mal in die Oper zu gehen."

Bewertung

Ein klarer Standpunkt, der im Zweifelsfall den mit der Globalisierung verbundenen Anforderungen gerecht wird.

Hintergrundinformation: „Prosumer Pulse Studie"

Einstellung zur Arbeit

Die Werbeagentur Euro RSCG Worldwide hat im Rahmen ihrer „Prosumer Pulse Studie“ 3.000 Erwachsene in fünf Ländern nach ihrer Einstellung zur Arbeit gefragt. Hier einige Ergebnisse (Quelle: „manager magazin“ 6/2005).

„Ich lebe, um zu arbeiten. Arbeit ist der Mittelpunkt meines Lebens und die wichtigste Quelle für meine Zufriedenheit.“

Zustimmung in	in Prozent
Großbritannien	11,5
Deutschland	13,6
Frankreich	14,5
USA	16,5
China	28,4

Grundsätzliche Fragen zu den wirtschaftlichen Rahmenbedingungen

84. „Was ist für Sie ein erfolgreiches Unternehmen?"

Das Frageziel des Interviewers

Im April des Jahres 2005 hat Franz Müntefering mit der folgenden Äußerung ein heftige Kapitalismus-Debatte angestoßen: „Manche Finanzinvestoren verschwenden keinen Gedanken an die Menschen, deren Arbeitsplätze sie vernichten. Sie bleiben anonym, haben kein Gesicht, fallen wie Heuschreckenschwärme über Unternehmen her, grasen sie ab und ziehen weiter."
So, wie man als Bewerber eine Vorstellung vom eigenen Erfolg hat, sollte man den Erfolg eines Unternehmens definieren können. Klar, dass die Art und Weise, wie man dies tut, auch etwas über einen selbst verrät.

Antwort A

„Ein erfolgreiches Unternehmen schafft zuallererst Arbeitsplätze. Und ein erfolgreiches Unternehmen achtet das Grundgesetz: ‚Eigentum verpflichtet.' Ein erfolgreiches Unternehmen denkt auch immer daran, dass es um Menschen geht, wenn es Arbeitnehmer ruft oder entlässt."

Bewertung

Sympathisch, aber für die meisten Interviewer am Thema vorbei geantwortet.

Antwort B

„Ich möchte es mal anders formulieren: Ein gutes Unternehmen ist für mich zuallererst ein gut verdienendes Unternehmen. Ich bin ausgebildeter Kaufmann und halte mich an eine ökonomische Grundregel, die für alle Betriebe gilt. Sie lautet: Rendite ist zwar nicht alles, aber ohne Rendite ist alles nichts. In einem gut verdienenden Unternehmen kann es gewiss auch zu Personalabbau kommen, aber dennoch können sich die Mitarbeiter sicherer fühlen, als in einem Betrieb, der rote Zahlen schreibt."

Bewertung

Dies gilt bis zum Beweis des Gegenteils.

Hintergrundinformation: Wodurch wird das Image bestimmt?

Faktoren, die das Image bestimmen

Rendite ist nicht alles, aber ohne Rendite ist alles nichts. Es folgen einige Faktoren, die das Image eines Unternehmens ganz erheblich bestimmen:

- Kundenorientierung
- Qualität der Produkte
- Qualität des Managements
- Innovationskraft
- Kommunikationsleistung
- Mitarbeiterorientierung
- Ausmaß der Internationalisierung
- Umweltorientierung
- Unabhängigkeit

85. „Was bestimmt die Wettbewerbsfähigkeit eines Unternehmens?"

Das Frageziel des Interviewers

Zukunftsfähige Mitarbeiter sollten eine Vorstellung davon haben, unter welchen Voraussetzungen sich ein Betrieb im Markt behaupten kann.

Praxis-Beispiel

Antwort

„Die Qualität oder Preiswürdigkeit der Produkte – und damit natürlich die Kosten, die ein Unternehmen hat. Wichtig ist vor allem auch die Kundennähe und Kundenorientierung. Und der Service. Vor allem aber muss die Wettbewerbsfähigkeit sozusagen jeden Tag neu verteidigt werden. Stillstand ist Rückschritt."

Bewertung

Man muss bei dieser Frage – und das gilt für viele andere auch – nicht immer mit Fachbegriffen hantieren. Wichtig ist, dass eine klare Vorstellung erkennbar ist. Und dies ist hier der Fall.

Hintergrundinformation: Hard- und Softwarekomponenten

Entscheidende Wettbewerbsparameter

Die entscheidenden Wettbewerbsparameter lassen sich in zwei Gruppen aufteilen – es gibt die so genannten „Hardwarekomponenten" und es gibt die „Softwarekomponenten". Zu den Hardwarekomponenten gehören

- Kosten/Preis,
- Qualität,
- Lieferpolitik.

Zu den Softwarekomponenten gehören

- Kundenorientierung,
- Kommunikation,
- Service,
- Image.

Drei Kriterien

Was ist überhaupt ein Wettbewerbsvorteil? Er muss drei Kriterien erfüllen:

- Er muss für den Kunden wichtig sein.
- Er muss vom Kunden tatsächlich wahrgenommen werden.
- Er muss dauerhaft sein.

Damit hat man als Bewerber noch einige zusätzliche Kenntnisse und Argumente parat.

86. „Wie stehen Sie zur Globalisierung?"

Das Frageziel des Interviewers

Die Frage könnte darauf abzielen, welche Einstellung ein Bewerber zu den Themen Wettbewerb und Protektionismus hat beziehungsweise inwiefern der Staat seiner Meinung nach regulierend eingreifen sollte, falls sich gesellschaftliche Gruppen in ihren Besitzständen bedroht fühlen.

Antwort

Praxis-Beispiel

„Als Exportnation leben wir vom freien Handel und Wandel. Wenn der Austausch von Gütern und Dienstleistungen generell eingeschränkt würde, bekämen wir ein riesiges Problem. Mein gesunder Menschenverstand sagt mir, dass wir anderen den Marktzugang nicht verwehren dürfen, nur weil es uns gerade mal nicht in den Kram passt. Dabei ist mir durchaus bewusst, dass beispielsweise der preiswerte Rohrzucker aus Kuba unsere Zuckerbauern sofort vom Markt fegen würde – aber das kann man dann ja sozial abfedern. Aufhalten sollte man meiner Meinung nach diese Entwicklung nicht."

Bewertung

Wirkung bedenken

Ein dezidierter Standpunkt. Wer sich in einer hoch subventionierten Branche bewirbt, der kommt wahrscheinlich mit der obigen Antwort gar nicht gut an.

Hintergrundinformation: Was bedeutet „Globalisierung"?

Der Ausdruck „Globalisierung" wird seit den 80er Jahren verwandt und ist Ausdruck des technologischen Fortschritts, der internationale Transaktionen leichter und schneller gemacht hat.

Der Begriff ist leider recht emotional besetzt. Die einen sehen in der Globalisierung die unvermeidbare und unumkehrbare Entwicklung der Weltwirtschaft, die allen Beteiligten große Chancen bietet – andere fürchten eine Bedrohung von Beschäftigung und Lebensstandard.

Globalisierung als Realität

Was ist hier richtig? Interessant ist auf jeden Fall der Befund des Redakteurs Klaus Werle vom „manager magazin": „Dies ist die erste Generation, die Globalisierung nicht als abstrakte Veränderung erlebt, sondern als schlichte Realität – wenn nötig, sucht sie ihre Zukunft so selbstverständlich in San Francisco oder Kapstadt wie andere vor ihr in München oder Köln."

87. „Wie sehen Sie die Zukunft des Wirtschaftsstandortes Deutschland?"

Das Frageziel des Interviewers

Lassen Sie sich politisch und ideologisch weder provozieren, noch aufs Glatteis führen. Insbesondere politisch engagierte Bewerber können bei bestimmten Fragen im Eifer über das Frageziel hinausschießen und eine Wirkung hervorrufen, die nicht in ihrem Sinne ist. Sie geben möglicherweise zu früh zu viel von Ihrer Meinung preis.

Antwort A

„Wir haben leider auf vielen Gebieten unsere Spitzenposition eingebüßt. Wenn wir die Schuldenproblematik nicht in den Griff bekommen und weiterhin alle Reformen von den Politikern zerredet werden, werden wir mittelfristig zweit- oder drittklassig. Deutschland hat leider mit dem so genannten rot-grünen Projekt zu viel Zeit vertan."

Bewertung

Mit solchen Attacken kann man seinem Gegenüber bei einschlägiger politischer Ausrichtung sehr vor den Kopf stoßen. Lieber unterlassen.

Antwort B

„Ich habe kürzlich das Buch ‚Herausforderung China' gelesen – der Titel war Bestseller unter den Wirtschaftsbüchern. Da wird die These vertreten, dass nur diejenigen Länder zukünftig ganz vorn mitspielen werden, die sich in Asien durchsetzen. Das scheint mir einleuchtend – und da liegen auch unsere Chancen. Und zum Glück sind wir als Exportnation im pazifischen Raum auch recht gut präsent."

Bewertung

Eine sachkundige Antwort, die jegliche parteipolitische Stellungnahme vermeidet und vom Tenor her auch noch positiv klingt.

Typische Fragen an Frauen

88. „Wie wichtig ist für Sie eine Familie?"

Das Frageziel des Interviewers

Dies ist eine typische Umwegfrage – das Frageziel wird nicht direkt angesteuert, aber ‚frau' weiß, worum es geht. Es geht darum, dass eine ungebundene Frau mobiler ist als eine familiär gebundene und dass eine Familienplanung oft etwas mit Kinderwünschen zu tun hat. Auch wenn die Frage in der Regel nicht viel bringt, wird sie manchmal gestellt.

Antwort A

Praxis-Beispiel

„Mir ist völlig bewusst, dass wir über eine anspruchsvolle Aufgabe reden – und dass es eine gewisse Zeit braucht, bis man das Unternehmen und die Branche kennt, also eingearbeitet ist. Aber unsere Interessen decken sich hier – Sie brauchen Planungssicherheit und ich suche meine Zukunft – zumindest mittelfristig – in einer spannenden beruflichen Herausforderung."

Bewertung

Die Bewerberin hat sehr flexibel reagiert, in dem sie ihre Antwort an der Aufgabe fest gemacht hat. Und die Formulierung „mittelfristig" zeugt von Realitätssinn.

Antwort B

Praxis-Beispiel

„Ich habe doch keine Ausbildung absolviert, dann auch noch ein Studium dran gehängt, um danach einen Mann zu versorgen und Windeln zu wechseln. Nein – für mich zählt der Job und die damit verbundene Unabhängigkeit."

Bewertung

Jeder muss für sich wissen, was ihm oder ihr wichtig ist. Aber bei Gesprächspartnern, die sich für eine Familie entschieden und neben dem Job durchaus auch Windeln gewechselt haben, kommt die Antwort möglicherweise nicht gut an.

Thema Familienplanung

- Nicht kneifen. Es ist wenig sinnvoll, bei sehr persönlichen Fragen die Antwort zu verweigern. Keine Antwort ist eben oft auch eine Antwort.
- In die Offensive gehen. Bewerberinnen sollten das Thema Familienplanung ruhig von sich aus ansprechen. Das gilt zumindest für jene Jobs, die mit einer langen Einarbeitungszeit verbunden sind. Man muss für dieses Thema allerdings den richtigen Zeitpunkt finden – also nicht mit der Tür ins Haus fallen. Ein geeigneter Moment bietet sich zum Beispiel an, wenn im Interview nach den mittelfristigen beruflichen Plänen gefragt wird.
- Zu Familie und Mutterschaft stehen. Natürlich ist dies eine Einstellungssache, aber es gibt Bewerberinnen, die die Frage nach einer beabsichtigten Familiengründung entrüstet von sich weisen. Offenbar glauben sie damit ihre Chancen zu verbessern. Viele Personaler sind aber selbst Väter oder Mütter und zumindest bei denen kommt so etwas weniger gut an. ◂

89. „Wann möchten Sie eigentlich Kinder haben?"

Das Frageziel des Interviewers

Eine Klärung erübrigt sich.

Antwort

„Ich habe noch keinen Termin in meinen Kalender eingetragen." ◂

Bewertung

Eine freche Frage verdient eine ebenbürtige Antwort.

Hintergrundinformation: souverän auf unangemessene Fragen reagieren

„Sind Sie schwanger?“ „Beabsichtigen Sie demnächst zu heiraten?“ „Welcher Partei gehören Sie an?“ „Haben Sie Schulden?“ „Sind Sie gewerkschaft-

lich organisiert?“ Man braucht es sich keinesfalls gefallen zu lassen, wenn bei einem Bewerbungsgespräch mit derartigen Fragen im Privatleben herumgestochert wird.
Mehr noch: Es gibt ein Recht auf Lüge beziehungsweise ein Recht darauf, bestimmte Dinge im Vorstellungsgespräch verheimlichen zu dürfen. Natürlich muss jeder Bewerber für sich entscheiden, ob er davon Gebrauch machen möchte. Auf alle Fälle ist es wichtig, bei derartigen Fragen souverän zu bleiben.

Experten-Tipp

Recht auf Lüge

- Bewerber dürfen bei die Intim- und Privatsphäre berührenden Fragen flunkern, wenn die Zurückweisung dieser Fragen ihre Chancen verringern würde. Aber es gibt auch Ausnahmen.
- Wer sich bei einer Partei oder einer Gewerkschaft bewirbt, darf eine entsprechende Mitgliedschaft bei einer anderen Organisation in einem Vorstellungsgespräch nicht verheimlichen.
- Wer sich um einen „geldsensiblen" Arbeitsplatz bewirbt, muss offen über eventuelle finanzielle Verpflichtungen reden.
- Wenn wegen mutterschutzrechtlicher Vorschriften Schwangere auf dem angedachten Arbeitsplatz nicht beschäftigt werden dürfen, dann ist die Schwangerschaft zu offenbaren.
- Krankheiten sind in der Regel tabu – aber wer sich beispielsweise als Bäcker bewirbt und unter einer Mehlstauballergie leidet, muss dies ungefragt darlegen.

90. „Wie können Sie ein Kind mit einer Berufstätigkeit verbinden?"

Das Frageziel des Interviewers

Fürsorgepflicht des Arbeitgebers

Natürlich möchte der zukünftige Arbeitgeber die ganze Arbeitskraft der neuen Mitarbeiterin. Und wer als zukünftiger Vorgesetzter seine Fürsorgepflicht ernst nimmt, will auch nicht, dass die Mitarbeiterin und Mutter ständig ein schlechtes Gewissen plagt.

Praxis-Beispiel

Antwort

„Mein Lebenspartner ist selbstständig und kann sich gut um unser Kind kümmern. Der Kleine geht übrigens schon in den Kindergarten. Und dann sind da noch die Großeltern, die im selben Ort wohnen. In dem Punkt habe ich den Rücken frei."

Bewertung

Damit ist dies abgehakt. Und da die Bewerberin ja aufgrund ihrer schriftlichen Unterlagen eingeladen wurden, hat sie gute Chancen.

Experten-Tipp

Die Vereinbarkeit von Job und Familie proaktiv ansprechen

Ob es einem gefällt oder nicht – hier sind nach wie vor Frauen in der Pflicht. Sie investieren, wenn kleine Kinder im Haus sind, den größten Teil ihres Zeitbudgets, von dem aber die Firma auch möglichst viel haben möchte. Bewerberinnen sollten dieses Thema nicht bagatellisieren, sondern beherzt ansprechen und eventuelle Bedenken hinsichtlich der Einsatzbereitschaft zerstreuen. Vorsicht: Unternehmen möchten keine Mitarbeiter, die während ihres Einsatzes für die Firma ständig ein schlechtes Gewissen gegenüber ihrer Familie haben – das gilt natürlich auch für die Männer.

91. „Sind Sie sich über die besonderen Erschwernisse einer Außendiensttätigkeit im Klaren?"

Das Frageziel des Interviewers

Frauen im Außendienst? Eigentlich völlig normal, sollte man meinen. Nicht immer: Kritisch wird es, wenn die Außendiensttätigkeit mit viel Reisen und häuslicher Abwesenheit verbunden ist. Hier möchte der Gesprächspartner schon genauer wissen, wie sich eine Bewerberin einen solchen Job vorstellt.

Praxis-Beispiel

Antwort A

„Ich bin ungebunden und reise gern. Man trifft ständig neue Leute und lernt fremde Städte kennen, das finde ich toll. Ich bin ein Mensch, der Abwechslung braucht und daher ist dieser Job im Außendienst genau richtig für mich."

Bewertung

Die Begründung legt die Vermutung nahe, dass dies nicht der richtige Job ist. Aus der Besichtigung fremder Städte wird nichts, wenn man eine Außendiensttätigkeit konsequent wahrnimmt.

Antwort B

„Ich denke schon – obwohl die Wirklichkeit dann doch immer anders ausschaut. Ich habe Ihnen ja gesagt, dass ich meine Zukunft im Vertrieb sehe. Und da muss man einige Zeit mal draußen bei den Kunden gewesen sein. Für mich ist es wichtig, diese Erfahrung zu machen und ich weiß, dass das damit verbundene Kofferpacken und Hotelleben wohl nur am Anfang interessant ist. Aber die Erfahrungen vor Ort kann mir später keiner mehr nehmen – und außerdem bin ich ungebunden und muss auch nicht regelmäßig im eigenen Bett schlafen."

Bewertung

Die Bewerberin macht sich keine Illusionen und könnte bei entsprechender Qualifikation ihre Chance bekommen.

Belastbarkeit ist wichtig

Der konsequent mobile Mensch fällt oft aus seinen sozialen Bindungen heraus und bezahlt dies dann nicht selten mit einem beeinträchtigten körperlichen und psychischen Wohlbefinden. Aber natürlich nicht grundsätzlich. Wenn die sozialen Beziehungen tragfähig sind, halten sie auch die Distanz aus.

Fragwürdige Fragen

92. „Was ist Ihre Lieblingsfarbe?"

Das Frageziel des Interviewers

Gegen den gesunden Menschenverstand

Vorsicht – es gibt diverse Testverfahren, mit denen an der Überwindung des gesunden Menschenverstandes gearbeitet wird. Dazu gehört auch der aus früheren Jahren bekannte Farbtest von Professor Max Lüscher. Sie lieben Schwarz? „Anhänger von Schwarz halten hartnäckig an ihrer Meinung fest und wollen ihre eigenwilligen Wünsche durchsetzen." Wer sich zu dieser Farbpräferenz bekennt, hat die Absage praktisch schon im Briefkasten – es sei denn er bewirbt sich als knallharter Verkaufsprofi für den Außendienst.

Antwort und Bewertung

Antworten Sie, wie Ihnen zumute ist. Ihre Antwort ist sowieso psychodiagnostisch ohne Wert für die zu besetzende Aufgabe. Was ist zum Beispiel, wenn ein Bewerber unter Tritanopie leidet und deshalb Blau gar nicht sehen können – ihm aber genau diese Lieblingsfarbe den Job bescheren könnte?

Experten-Tipp

Vorsicht vor Psycho-Hokuspokus

Falls Ihr Gegenüber einen zweifelhaften Test gut findet und auch noch Ihr zukünftiger Chef sein sollte, machen Sie sich auf weitere Psycho-Mätzchen gefasst.

93. „Würden Sie sich einem grafologischen Gutachten unterziehen?"

Das Frageziel des Interviewers

Die Handschriftdeutung wurde schon immer maßlos überschätzt. Sieht man sich die von Dritten durchgeführten Untersuchungen zur diagnostischen Brauchbarkeit der Grafologie an, dann ist nur eine einzige Aussage halbwegs treffsicher möglich: Der Grafologe kann mit seiner Kunst ganz gut heraus finden, ob es sich um eine Frau oder um einen Mann handelt. Hier ist allerdings einzuwenden, dass es sicherlich einfachere Methoden gibt, dies zu klären.

Antwort und Bewertung

Stimmen Sie ruhig zu, aber lassen Sie sich vom Ergebnis nicht Ihr Selbstbewusstsein nehmen. Und wenn es positiv ist, nehmen Sie es gern entgegen, aber lassen Sie sich nicht auf die falsche Fährte locken.

Experten-Tipp

Vorsicht vor Scheinwissen

Der renommierte Psychologe Professor Peter R. Hofstätter schrieb einmal in seinem lesenswerten Buch „Differentielle Psychologie": „Wir erkennen zwar Menschen an ihren Gesichtszügen, Handschriften, Ohrmuscheln und Tastleisten wieder, aber wir lernen sie durch diese nicht wirklich kennen."

Fragen rund um das Entgelt

94. „Wie wichtig ist Geld für Sie?"

Das Frageziel des Interviewers

Was ist Geld?

Für den russischen Dichter Dostojewski war Geld „geprägte Freiheit", für den englischen Dichter Lord Byron „Aladins Wunderlampe" und für den deutschen Philosophen Nietzsche das „Brecheisen der Macht". Vor dem Hintergrund dieser Statements könnte es durchaus sein, dass Geld ziemlich glücklich macht.

Unglücklich verhält sich auf alle Falle ein Bewerber, der den Eindruck erweckt, als sei es unanständig, über Geld zu reden. Natürlich muss über das Entgelt gesprochen werden – und zwar geradeheraus. Nicht selten gibt es später Frust, weil ein Bewerber aus Angst, sich unbeliebt zu machen, seine Gehaltswünsche nicht klar geäußert hat.

Praxis-Beispiel

Antwort

„Für mich ist es wichtig, im Job zufrieden zu sein – und dazu gehört auch ein angemessenes Einkommen. Im Grunde machen wir das hier alles, um Geld zu verdienen."

Bewertung

Mit dieser Antwort ist der Inhalt der Aufgabe mit dem finanziellen Ergebnis (nicht nur in eigener Sache) gut kombiniert.

Hintergrundinformation: leistungsabhängige Gehaltsanteile

Die leistungsabhängigen Einkommensanteile sind in vielen Jobs bereits recht hoch und werden zukünftig prozentual noch steigen. Für leistungsbereite und leistungsfähige Mitarbeiter ist dies eine gute Entwicklung – und sie sollten sich dazu auch bekennen und deshalb den Stellenwert des Einkommens keineswegs klein reden.

95. „Welche Gehaltsvorstellung haben Sie?"

Das Frageziel des Interviewers

Wer sich bei der Frage nach dem Geld souverän verhält, erhöht seine Chancen. Von Einsteigern, vor allem aber von Um- und Aufsteigern wird erwartet, dass sie ihren Marktwert realistisch einschätzen und diesen beherzt zu realisieren versuchen. Sehr wichtig ist das für Bewerber, deren mögliche zukünftige Aufgabe Durchsetzungsvermögen und Verhandlungsgeschick erfordert. Wer hier in eigener Sache schwach ist, schwächt seine Position.

Praxis-Beispiel

Antwort A

„Wie viel zahlen Sie denn üblicherweise für Mitarbeiter meiner Qualifikation?"

Bewertung

Diese Gegenfrage ist natürlich dumm – kommt aber immer noch vor.

Praxis-Beispiel

Antwort B

„Na ja – ich habe mir über diese Frage natürlich Gedanken gemacht – es ist ja für einen Berufseinsteiger nicht so einfach, hier zu einer klaren Vorstellung zu kommen. Aber ich würde meinen wollen, dass ..."

Bewertung

So geht das auch nicht.

Praxis-Beispiel

Antwort C

„Zwischen 45.000 und 50.000 Euro – das ist der übliche Rahmen für BWL-Absolventen."

Bewertung

Es ist keine gute Idee, solch einen Gehaltsrahmen anzugeben, denn das wirkt unsicher. Und was macht man, wenn der Gesprächspartner sofort die niedrigste Zahl akzeptiert?

Praxis-Beispiel

Antwort D

„Ich stelle mir ein Jahresgehalt um 48.000 Euro vor."

Bewertung

Eine klare Ansage. Man muss einfach seinen Marktwert einigermaßen kennen. Und das Wörtchen „um" lässt ja noch einen kleinen Spielraum.

Hintergrundwissen: wenn es ums Einkommen geht

- Eiern Sie nicht herum, sondern nennen Sie Ihr gewünschtes Brutto-Jahresentgelt. Das erspart im Erstgespräch zusätzliche Fragen wie die nach dem eventuellen Urlaubsgeld, Weihnachtsgeld oder einem 13. Gehalt. Auf der Basis des Jahresentgelts sind eventuelle Angebote auch besser miteinander vergleichbar.

Gründe für Einkommenswunsch

- Begründen Sie Ihren Einkommenswunsch niemals mit finanziellen Verpflichtungen oder ähnlich unsachlichen Argumenten, sondern nur über Ihre Qualifikation und den Nutzen, den Sie zu bieten haben. Gehaltswünsche, die vom Gesprächspartner als überdurchschnittlich bewertet werden, lassen sich durch den Hinweis auf besondere Sprachkenntnisse, eine einschlägige Ausbildung vor dem Studium, zum Job passende Praktika beziehungsweise Spezialkenntnisse oder gegebenenfalls auch durch das Thema der Diplomarbeit legitimieren. Außerdem dürfen Sie sich auf gute Noten und Arbeitszeugnisse berufen.
- Wenn sich Ihr Verhandlungspartner angesichts Ihres Gehaltswunsches entsetzt zeigt, ist dies noch kein Grund zur Besorgnis. Machen Sie also nicht sofort einen Rückzieher, wenn die beiderseitigen Vorstellungen voneinander abzuweichen scheinen. Ein vernünftiger Kompromiss kann darin bestehen, zum Start erst einmal finanzielle Abstriche zu machen und nach erfolgreicher Probezeit den ursprünglichen Gehaltswunsch zu verwirklichen.

Experten-Tipp

Finden Sie Ihren Marktwert heraus

Im Folgenden finden Sie einige Informationsquellen, die hilfreich sind, wenn Sie in Erfahrung bringen wollen, wie viel Gehalt Sie fordern können:

Fragen Sie zunächst Freunde und Bekannte, die auf einem vergleichbaren Gebiet tätig sind.

Nutzen Sie auch das Internet:

- www.sueddeutsche.de (Gehaltstabellen)
- www.wiwo.de
- www.staufenbiel.de
- www.gehalts-check.de
- Kienbaum-Gehaltsberatung (www.kienbaum.de)

96. „Wie begründen Sie Ihren überdurchschnittlich hohen Gehaltswunsch?"

Das Frageziel des Interviewers

Mit der Begründung kann man punkten – man kann sich aber mit ihr auch unmöglich machen.

Antwort A

„Ich habe mich gründlich informiert und halte meinen Gehaltswunsch nicht für zu hoch."

Bewertung

Diese Antwort ist riskant, denn man unterstellt dem Gesprächspartner in Gehaltsfragen eine Fehleinschätzung.

Antwort B

„Meine Ausbildung passt exakt zur Aufgabe und ich bringe einschlägige erste Erfahrungen mit – außerdem habe ich mich über den zweiten Bildungsweg nach oben gearbeitet. Das heißt – ich verfüge über ein ausgeprägtes Stehvermögen und bin sehr zielorientiert. Sie müssen dann noch bedenken, dass ich ja umziehen muss und die Lebenshaltungskosten hier deutlich höher liegen."

Bewertung

Eine schlüssige Antwort, weil der Bewerber neben den harten Fakten wie Ausbildung und Erfahrung auch „Soft Skills" wie Durchhaltevermögen und Zielorientierung glaubwürdig herausstellt. Der letzte Satz gehört aber unbedingt gestrichen. Über die Notwendigkeit zum Umzug und über die Lebenshaltungskosten lässt sich kein überdurchschnittlicher Einkommenswunsch begründen.

Die Relevanz von Schlüsselqualifikationen

Über 90 Prozent der Unternehmen sagen, dass Schlüsselqualifikationen mindestens genau so wichtig wie das Fachwissen sind. Wer sich sicher sein kann, über die für den Job besonders wichtigen „Soft Skills" zu verfügen, hat auch beste Argumente für überdurchschnittlich hohe Gehaltsvorstellungen (Studie „Schlüsselqualifikationen im 21. Jahrhundert"/www.sq21.de).

97. „Warum sind Sie bereit, Einkommenseinbußen zu akzeptieren?"

Das Frageziel des Interviewers

Ist der Bewerber so in Not, dass er (fast) alle Bedingungen akzeptieren würde oder hat er gute Gründe, Abstriche beim Einkommen hinzunehmen?

Antwort A

„Ich hatte in meinem bisherigen Unternehmen eine überdurchschnittlich gute Gehaltsentwicklung. Durch das erreichte Einkommensniveau möchte ich mich aber auf keinen Fall in meiner beruflichen Entwicklung blockieren lassen. Wenn also in Ihrem Unternehmen die Gehaltsstrukturen so sind, wie sie sind, werde ich dies angesichts der interessanten Herausforderung akzeptieren."

Bewertung

Klare und respektable Stellungnahme.

Praxis-Beispiel

Antwort B

„Ich bin davon überzeugt, dass ich mich in der besprochenen Aufgabe noch mehr in die Breite entwickeln kann und dadurch noch zukunftsfähiger werde. Angesichts des rasanten Wandels im Zuge der Globalisierung ist mir das zurzeit wichtiger als einige Euro mehr oder weniger."

Bewertung

Eine gute strategische Haltung und Antwort.

Fragen zum Gesprächsabschluss

98. „Welche Fragen haben Sie abschließend noch?"

Das Frageziel des Interviewers

Unterschätzen Sie diese Aufforderung nicht – das ist die Fortsetzung der Eignungsdiagnostik mit anderen Mitteln. Natürlich haben Sie jetzt die Chance, weitere Information für Ihre Entscheidung zu bekommen – für einen kompetenten Interviewpartner sagt aber jede von Ihnen gestellte Frage erst einmal etwas über Sie selbst aus. Es gibt keine dummen Fragen? Doch – es gibt sie. Denn im Vorstellungsinterview ist die alte Regel, nach der es keine dummen Fragen gibt, außer Kraft gesetzt. Durch Fragen zeigt ein Mensch, was ihm wichtig und weniger wichtig ist. Durch Fragen zeigt ein Mensch manchmal auch, was er noch immer nicht verstanden hat. Und durch Fragen kann man zeigen, dass man ein schlechter Zuhörer ist. Man kann sich also durch Fragen um einen Job bringen.

Praxis-Beispiel

Antwort A

„Ich hätte noch einige Fragen zur Unternehmenskultur. Erstens: Wie geht man in Ihrem Hause mit Fehlern um? Zweitens: Gibt es eine offene Kommunikation beziehungsweise Vertrauenskultur? Und dann ist für mich noch die Frage wichtig, welchen Stellenwert das Führungsinstrument Delegation hat."

Bewertung

Das sind gute und berechtigte Fragen. Ungünstig ist es aber, diese als Paket zu verpacken. Und der Ton ist auch nicht sonderlich gewinnend.

Praxis-Beispiel

Antwort B

„Im Foyer lag Ihre Mitarbeiterzeitung ‚Meyer aktuell' und da las ich vorhin, dass Ihr Unternehmen jetzt auch in Polen erfolgreich vertreten ist. Vor diesem Hintergrund würde mich schon interessieren, welche weiteren Auslandsaktivitäten in Osteuropa angedacht sind?"

Bewertung

Ob Mitarbeiterzeitung, Pressenotiz oder News auf der Homepage – ein intelligenter Aufhänger bringt immer Punkte.

Antwort C

„Sie haben zu Beginn des Gespräches gesagt, dass ... Darauf möchte ich gern noch einmal zurückkommen und fragen ..."

Bewertung

So zeigt man sich als guter Zuhörer, der auch noch über ein intaktes Gedächtnis verfügt. Nur ganz wenig Bewerber beziehen sich in dieser Phase des Vorstellungsgesprächs auf das, was anfangs gesagt wurde.

Antwort D

„Wie stehen meine Chancen?"

Bewertung

Machen Sie ein Gedankenexperiment: Sie haben als Personalchef zehn Interessenten eingeladen und jeder fragt Sie am Ende des Gesprächs nach seinen Chancen. Sie können bestenfalls dem zehnten Kandidaten eine halbwegs fundierte Auskunft geben. In der Regel zwingt Sie diese Frage zu unverbindlichen Floskeln. Kurzum: Sie ist lästig und zeugt von mangelndem Einfühlungsvermögen des Bewerbers.
Besonders übellaunig wird die Frage nach den Chancen aufgenommen, wenn ein Bewerber mehrere Gesprächspartner im Vorstellungsinterview hat. Wer soll da was sagen? Die Kollegen müssen sich doch erst hinsichtlich ihrer Eindrücke austauschen. Mancher Bewerber beschert sich mit dieser Frage einen peinlichen Abgang.

Das sind gute Fragen

- „Warum ist die Position überhaupt vakant?"
- „Wie lange dauert nach Ihrer Erfahrung die Einarbeitungszeit?"

- „Gibt es Mitarbeiter, die diese Position gern übernommen hätten und nicht berücksichtigt wurden?"
- „Wie stark ist der Betriebsrat in Ihrem Hause?"
- „Welche neuen Produktentwicklungen sind zurzeit in der Pipeline?"
- „Ich spreche ein wenig Polnisch und habe gute private Kontakte nach Warschau. Gibt es Ambitionen, die Geschäftsbeziehungen nach Polen auszuweiten?"
- „Sie haben eingangs gesagt, dass die Personalentwicklung für Sie einen hohen Stellenwert hat. Wer kann unter welchen Bedingungen an den von Ihnen skizzierten Förderprogrammen teilnehmen?"

Natürlich hängt die vorteilhafte Reaktion von der Lage des Bewerbers ab und von der Aufgabe, die es zu erledigen gilt.

99. „Haben Sie sich noch woanders beworben?"

Das Frageziel des Interviewers

Meist möchte der Gesprächspartner nur wissen, ob der Bewerber unter Zeitdruck steht – also ein anderes Angebot vorliegt beziehungsweise kurzfristig zu erwarten ist. Manche Bewerber machen in dieser Situation taktische Fehler.

Praxis-Beispiel

Antwort A

„Nein – mich interessiert diese Aufgabe so sehr, dass ich zurzeit keine anderen Bewerbungsaktionen fahre."

Bewertung

Für Berufseinsteiger ist diese Antwort – ob sie nun der Wahrheit entspricht oder nicht – äußerst unklug. Wer alles auf eine Karte setzt, ist ein Hasardeur. Da vom Absenden einer Bewerbung bis zur möglicherweise negativen Entscheidung gut ein Monat vergehen kann, käme man im Jahr auf maximal zwölf Chancen. Die Erklärungsnöte bei der Frage, warum man denn so lange sucht, werden ständig größer.

Für Umsteiger, die sich aus einem festen Anstellungsverhältnis heraus bewerben, geht diese Antwort natürlich völlig in Ordnung.

Praxis-Beispiel

Antwort B

„Ja, das habe ich. Deshalb möchte ich Sie auch bitten, möglichst schnell zu einer Entscheidung zu kommen, da ich von einer anderen Firma ein Angebot vorliegen habe und ich die nicht lange hinhalten kann." ◂

Bewertung

Diese Antwort ist brandgefährlich, denn man könnte einen Erpressungsversuch heraushören. Tenor: Drücken Sie aufs Tempo, wenn Sie mich haben wollen.

100. „Stünden Sie uns im Zweifelsfall auch für eine andere Aufgabe zur Verfügung?"

Das Frageziel des Interviewers

Die Frage kann völlig harmlos, aber auch listig sein.Das Frageziel könnte auch darin bestehen, zu klären, ob der Bewerber bei der Jobsuche beliebig vorgeht und eigentlich nur irgendeinen Job haben möchte.

Praxis-Beispiel

Antwort

„Ich habe mich hier ja um eine klar definierte Aufgabe beworben – und diese Aufgabe finde ich spannend und ich glaube auch, dass ich absolut erfolgreich sein würde. Die Stellenbeschreibung passt einfach gut zu meinen Vorstellungen und das Gespräch heute hat mich in meiner Auffassung bestärkt. Andererseits soll man bekanntlich nie nie sagen. Ich habe immer Wert darauf gelegt, flexibel zu sein – dazu gehört auch, dass man über fast alles reden kann." ◂

Bewertung

Mit der Antwort ist ein Bewerber in einem sicheren Fahrwasser und hält sich dennoch alle Optionen offen.

Experten-Tipp

Nicht hinter jeder Frage eine List vermuten

Der Zweck eines Vorstellungsinterviews ist die Wahrheitsfindung. Passen wir zusammen oder nicht? Der kompetente Bewerber weiß dies. Er weiß deshalb auch, dass nicht jeder Blick ein böser Blick und nicht jede Frage eine Falle ist.

In diesem Sinne sollte man als Bewerber immer wieder mal darüber nachdenken, wie wahrhaftig man im Vorstellungsgespräch auftritt. Wer nur durch Taktik oder gar Selbstverleugnung einen Job erhascht, wird allemal scheitern.

101. „Warum sollten wir uns ausgerechnet für Sie entscheiden?"

Das Frageziel des Interviewers

Drei Aspekte des Menschen

Diese Frage wird immer wieder gern gestellt. Wer sich von ihr überrascht fühlt, ist schlecht vorbereitet. Worum geht es? Die Psychologie betrachtet den Menschen unter drei Aspekten:

- Erstens: Jeder Mensch ist in gewisser Hinsicht wie alle anderen Menschen. Hier geht es um die Natur des Menschen, um anthropologische Konstanten, die unser aller Fühlen, Denken und Handeln bestimmen.
- Zweitens: Jeder Mensch ist in gewisser Hinsicht wie viele andere Menschen. Hier geht es um Personen, die gemeinsame Definitionsmerkmale haben, von denen angenommen werden kann, dass sie sich auf das Verhalten auswirken. Solche Merkmale können sein: Geschlecht, Alter, Bildungsabschlüsse, Familienhintergrund oder die Zugehörigkeit zu einem bestimmten Kulturkreis.
- Drittens: Jeder Mensch ist in gewisser Hinsicht wie kein anderer Mensch.

Die hier zu erörternde Frage zielt auf den letzten Punkt ab – nämlich auf den Bewerber als einmaliges und einzigartiges Individuum.

Praxis-Beispiel

Antwort

„Ich glaube nach diesem Gespräch, dass mein Profil sehr gut zur Aufgabe passt. Ausbildung und Erfahrung stimmen – außerdem habe ich in meinem bisherigen Berufsleben beweisen können, dass ich durchsetzungsstark und teamfähig bin. Und das zählt in dem Job ja ganz besonders. Außerdem finde ich die Produkte Ihres Hauses prima. Klar – ich kenne meine Mitbewerber nicht. Aber vom Kopf und vom Gefühl her würde ich bei Ihnen gern starten." ◂

Bewertung

Selbstbewusst, aber nicht überzogen. Der Hinweis auf die Mitbewerber ist nicht ungeschickt, denn die gibt es später im Job ja auch. Und gut ist zum Schluss noch einmal das klare Bekenntnis zum Unternehmen.

Experten-Tipp

Warum sind Sie einzig?

Es gibt keinen Grund, sich hier zu genieren. Jedes Unternehmen muss sich regelmäßig mit der Frage befassen, was seine Produkte und Dienstleistungen von anderen Anbietern positiv abhebt. Das gilt auch für die Mitarbeiter.

Als Bewerber muss man in der Lage sein, einige Kernpunkte der persönlichen Identität zu benennen – also jene Eigenschaften, die einen unverwechselbar und damit nicht beliebig austauschbar machen. ◂

Zusage oder Absage?

Wer zu einem Vorstellungsgespräch eingeladen wird, darf dies zunächst einmal als Kompliment und Wertschätzung der eigenen Person nehmen. Aber vor Ort wird nur Gold vergeben – der zweite oder dritte Platz zählt nicht. Wenn man häufiger aus dem Rennen fliegt, muss man den eigenen Auftritt vor Ort gründlich überdenken.

Einladung ist Kompliment

Wie ist die mentale Einstimmung auf das Interview?

Was für sportliche Höchstleistungen gilt, gilt auch für ein überzeugendes Vorstellungsgespräch – man muss psychisch gut drauf sein. Das hat Boris Becker einst immer so schön formuliert.

Experten-Tipp

Zapfen Sie immaterielle Energiequellen an

- Wer eine Einladung zum Vorstellungsgespräch erhält, hat ein Kompliment bekommen. Freuen Sie sich erst einmal! Sie sind schließlich auf einem guten Weg!
- Verbringen Sie den Abend vor Ihrem Termin nicht allein, sondern mit Freunden. Sprechen Sie offen über Ihre eventuellen Ängste und über Ihre Hoffnungen. Seelischer Rückenwind tut immer gut.
- Planen Sie so viel Zeit für die Anreise ein, dass Sie keine Angst haben müssen, zu spät zu kommen. Eine zu knappe Zeitplanung strapaziert nur unnötig die Nerven. Es darf angenommen werden, dass die eine oder andere Karriere an dem Umstand scheitert, keinen Parkplatz gefunden zu haben.
- Gehen Sie in jedes Gespräch mit der Option, auch Nein sagen zu können. Das mag sich angesichts der Lage am Arbeitsmarkt zynisch anhören, ist aber eine wichtige Voraussetzung für ein gutes Gespräch. Personalexperten wünschen sich keine Bewerber, die unbedingt irgendeinen Job haben möchten. Stattdessen wünschen sie sich Interessenten, mit denen sie gemeinsam kritisch überprüfen können, ob die zu vergebene Aufgabe passen könnte. Das ist die beste Gewähr gegen Fehlentscheidungen.

Sind Sie Beobachter oder Beobachteter?

Die allgemeine Lebenserfahrung lehrt, dass jemand, der eher ein Beobachter ist, in sozialen Situationen stärker auftritt als jemand, der sich beobachtet fühlt. Viele Bewerber fühlen sich im Vorstellungsgespräch von der ersten Sekunde an wie jemand, der zur Besichtigung freigegeben ist, also unterlegen. Wie jemand in seinem Inneren ist, so wirkt er meist auch nach außen. Als Bewerber sollte man daher versuchen, in eine Position der Stärke zu gelangen, ohne arrogant zu wirken. Drehen Sie folglich den Spieß um! Seien Sie ein guter Beobachter und betreiben Sie ebenfalls Psychodiagnostik!

Experten-Tipp

Seien Sie auch Psychodiagnostiker!

- Üben Sie sich in die Rolle des Beobachters bereits vor und auf dem Firmengelände ein: Wie ist der Baustil, die allgemeine werbliche Optik, der Eingang, die Rezeption?
- Überlegen Sie sich vorab bestimmte Details, auf die Sie zu Beginn des Interviews besonders achten wollen. Etwa: Kleidung der Gesprächspartner, Möbel im Besprechungszimmer, Bilder und Dekoration.
- Achten Sie auf die Sprechweise und Körpersprache Ihres Gegenüber: Mimik, Haltung, Bewegungen etc.
- Wie ist die Ausstrahlung Ihres Gesprächspartners: offen oder reserviert? Sympathisch oder eher neutral?
- Begegnen Sie Ihrem Interviewpartner auf Augenhöhe. Die Situation ist pari: Sie möchten beide eine gute Entscheidung treffen.

Worauf kommt es eigentlich an?

Immer auf dem richtigen Fuß

Sie müssen nicht perfekt sein, denn Perfektion treibt dem Leben das Mark aus den Knochen. Aber man kann und muss von einem Bewerber erwarten, dass er gut vorbereitet ist. Das gilt schließlich für alles, was man in seinem Leben unternimmt. Und darum geht es auch in diesem Buch. Wer die Zukunft gewinnen will, darf möglichst nicht auf dem falschen Fuß erwischt werden. Diese Regel gilt nicht nur für den Fußball.

Stichwortverzeichnis